中村哲さん殺害事件
実行犯の「遺言」

乗京真知

朝日新聞出版

◉目次

プロローグ　11
不審な白いカローラ／右脇に傷、肝臓から出血
間に合わなかった首都搬送／見落とされていた銃弾
「カカ・ムラド」失った悲しみ

第1章◉狙われた通勤路　29
初動捜査のつまずき／警察が進展を演出
タリバンが犯行否定／「唯一の生存者」に聞く
6メートルの距離で目撃／「日本人が生きている」叫び3発
逃走シーンを捉えた映像／犯行グループは9人前後

第2章◉山奥に潜伏する男　57
国境地帯から寄せられた情報／強盗や誘拐のエキスパート
「共犯者が撃った」／2016年に会っていた／犯罪歴を自慢げに語る
中村医師事件との共通点／突き止めた山中の隠れ家

第3章◉当局が隠した失態　77

大の字に倒れた遺体／アミールの最期
死に際の取っ組み合い／浮かぶ疑問　逮捕できたのでは？
失った証拠、露見した恥部／野放しだった容疑者

第4章◉隣国に逃げた共犯者　95

疑われた軍閥トップ／「この手で犯人を捕まえたい」
「パキスタンが襲撃を頼んだ」／「共犯者」は何者か？
事件後に突然の政治活動／逮捕阻む国境の壁

第5章◉見過ごされた予兆　115

犠牲になった同行の5人／「危険に気づいていた」
2年越し、語り始めた妻／携帯電話に残された警告文
不審なバイクが予行演習？／備えは十分だったのか

元州知事から送られてきた文書／警備の穴を指摘
「移動中が危ない」／「脅威は外からやってきた」

第6章◉政権崩壊の余波 147
捜査員が国外に脱出／塗りつぶされた肖像画
カブールで感じた異変／無給で働く戦闘員
動物園も大学も男女別々／タリバンが決める「善と悪」
女子の通学「解禁すべき」／しわ寄せは女性に

第7章◉尻込みするタリバン 179
「緑の大地」の復活／用水路とともに育つ子供
切手も赤ん坊も「ナカムラ」／身を潜める「残りの犯人」
隠れ家へと続く山道／タリバン幹部との面会
驚きの内装、振る舞われた羊肉／46秒間の「ハムザ」の肉声
友好団体との関係に苦慮

第8章◉真相解明へのバトン 209
ニュースの現場から(2021年4月15日収録)
[前編] 中村哲さん「殺してしまった」 容疑者を追い詰めた執念の取材
ニュースの現場から(2021年4月15日収録)
[後編] アフガニスタン、沈黙の裏事情 中村哲さん殺害の主犯格はマークされていた
ニュースの現場から(2021年12月21日収録)
[前編] 「犯行は、警告されていた」口を開いた元知事
ニュースの現場から(2021年12月21日収録)
[後編] 真相を求めて2年、たどりついた先に

エピローグ 241

アフガニスタン東部ナンガルハル州の州都ジャララバードで2019年12月4日朝、人道支援NGO「ペシャワール会」現地代表の中村医師（当時73）らの車2台が、武装した犯行グループに銃撃され、中村医師のほかアフガニスタン人の運転手1人と護衛4人の計6人が死亡した。

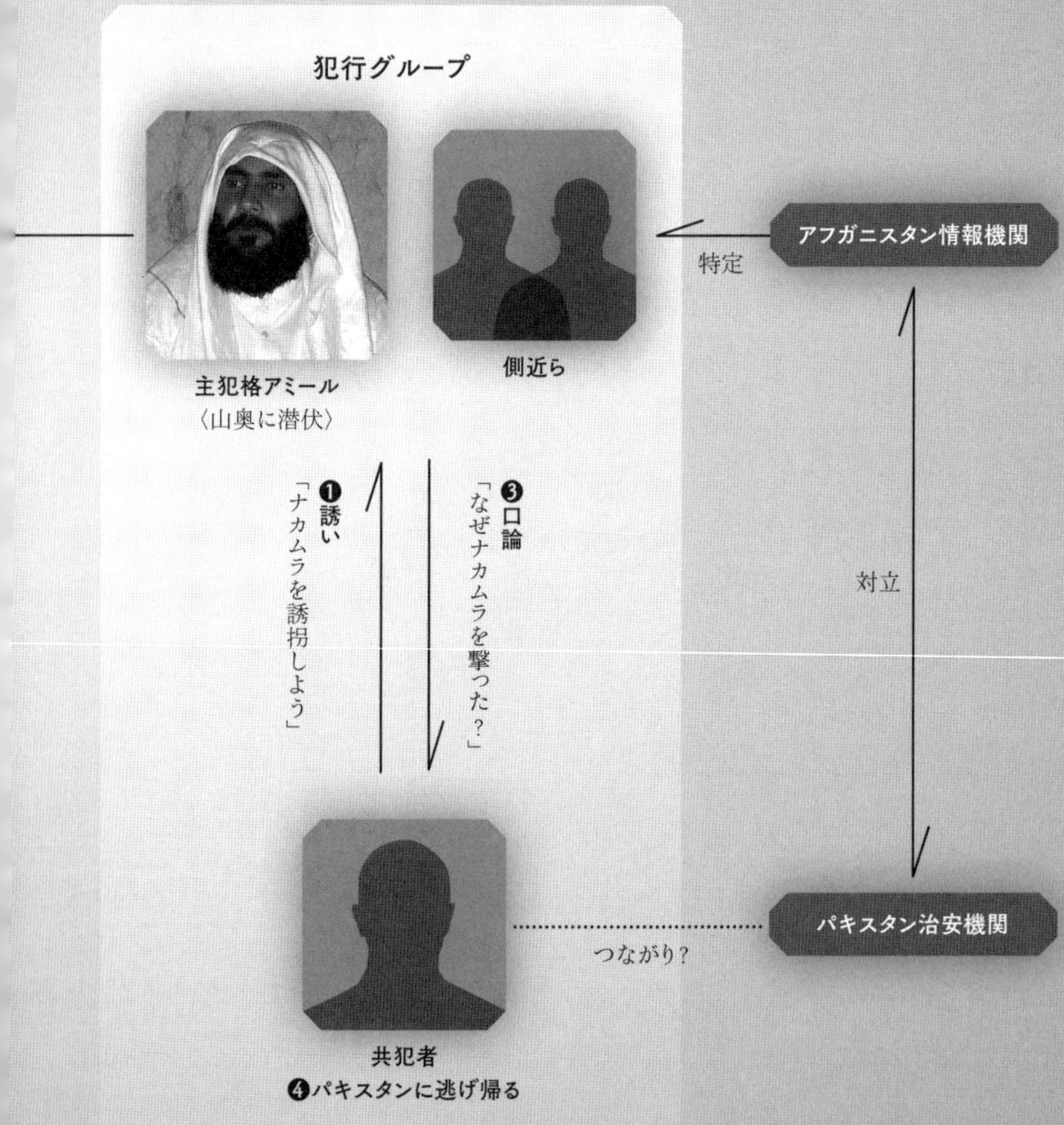

中村哲医師殺害事件の構図

アミールの知人や目撃者の証言などから

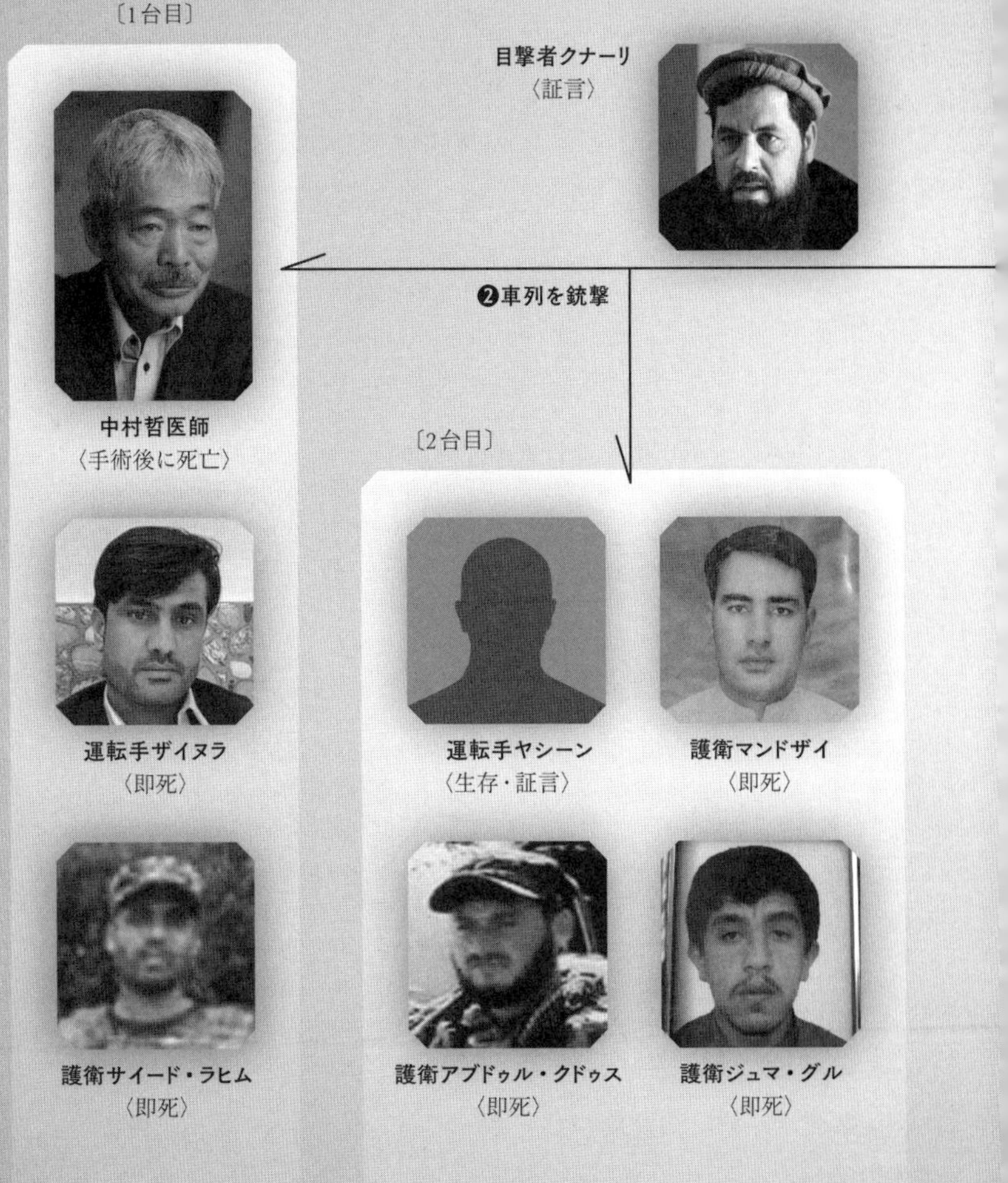

アフガニスタン

日本外務省の資料などから

面積	約65万平方km（日本の約1.7倍）
人口	約3890万人（日本の3分の1ほど）
言語	ダリ語、パシュトゥー語など
民族	パシュトゥン人、タジク人、ハザラ人、ウズベク人など
宗教	イスラム教（主にスンニ派）

混乱が続くアフガニスタンの歴史

1979		ソ連軍が、親ソ政権の支援を名目にアフガニスタンに侵攻
1989	2	ソ連軍の撤退完了、その後内戦に
		治安回復と「世直し」を掲げてタリバンが武装蜂起
1996	9	**タリバンが政権樹立を宣言**
		タリバンは女性の就労や就学を制限して国際的な批判を浴びる
2001	9	国際テロ組織アルカイダによる**米同時多発テロ**
2001	10	タリバン政権がアルカイダをかくまっているとして、米などがアフガニスタンの空爆開始
2001	12	**タリバン政権崩壊** ハミド・カルザイ氏が率いる暫定行政機構発足
2004	10	初の大統領選挙。カルザイ氏が当選
2005頃		タリバンが自爆テロで勢いを取り戻す
		タリバンは武装勢力として米軍や米軍が支える政府軍と泥沼の戦いを続ける
2011	5	米軍がパキスタンで、アルカイダ指導者のビンラディン容疑者を殺害

ビンラディン容疑者（写真：ロイター＝共同）

中村哲さんの足跡

アフガニスタン当局などへの取材から

- 1946 福岡県生まれ。後に九州大学医学部卒
- 1984 パキスタン北西部の病院で診療を始める
- 1989 アフガニスタン東部へ活動を広げ、診療を始める
- 2000 干ばつに見舞われた同国東部で井戸を掘る
- 2003 同国東部で用水路工事を始め、乾燥地を緑化
- 2018 同国のガニ大統領が勲章を授与
- 2019 10月7日　ガニ大統領が名誉市民権を授与
  12月4日　同国東部で武装集団に銃撃され、死亡

- 2014 9 ガニ大統領が就任
- 2018 7 トランプ米大統領が米軍撤退を目指し、タリバンと協議開始

米国民の「戦争疲れ」を背景に、駐留費用を「無駄」と考えたトランプ氏が撤退にかじを切る

- 2020 2 **米軍の段階的撤退に向け、米国とタリバンが合意**
- 2021 4 バイデン米大統領が9月11日までの米軍のアフガニスタン撤退を表明。その後、8月末に前倒し

米軍の撤退にともなってタリバンが勢いづき、8月には地方都市を次々と制圧していった

- 2021 8 15日、タリバンが首都カブールを制圧

アフガン政権崩壊

その後、米軍のアフガニスタン撤退が完了

- 2021 9 **タリバンが暫定政権の樹立を宣言**
- 2022 6 東部の地震で「1千人以上が死亡」とタリバンが発表

タリバン暫定政権のアクンザダ最高指導者

本文写真（特に表記のないもの）、本文図表　朝日新聞社

◉プロローグ

２０１９年12月４日午前７時50分、アフガニスタン東部ナンガルハル州の州都ジャララバード中心部。中村哲医師（73）が定宿にしているゲストハウスの前に、トヨタ製の四輪駆動車が２台止まった。中村医師を乗せて灌漑の事業地に出勤するための車だ。

四駆は２台とも後ろ半分が荷台になっており、護衛が銃を抱えたまま座ることができる。１台目の運転席には運転手ザイヌラ（34）、荷台には護衛サイード・ラヒム（26）が乗っていて、助手席は中村医師のために空けられていた。２台目の運転席には運転手ムハンマド・ヤシーン（45）、助手席には護衛のリーダーのマンドザイ（36）、荷台には護衛のジュマ・グル（32）とアブドゥル・クドゥス（27）がいた。

中村医師が泊まっているゲストハウスは、小さなベランダがある白塗りの２階建てで、高さ２メートルほどの白壁と鉄の門扉で囲われていた。朝食の定番は、野菜スープと目玉焼き。目玉焼きは黄身を残し、白身だけ食べるのが中村医師のスタイルだった。朝食を終えて玄関に出てきた中村医師は、運転手や護衛に手を振り、現地のパシュトゥー語で挨拶した。「いつもより10分早いが出発しよう。今日はやることがたくさんある」。中村医師は明るい表情で語りかけ、１台目の助手席に座った。

灌漑《かんがい》の事業地までは決まった出勤ルートがあった。ゲストハウスを出て、目抜き通りを東に約１キロ進み、州庁舎近くの交差点で左折。ビスード・ロードと呼ばれる通りに入り、そのまま１キロほど北上すると川がある。川にかかる橋を渡れば、事業地へと続く道が見

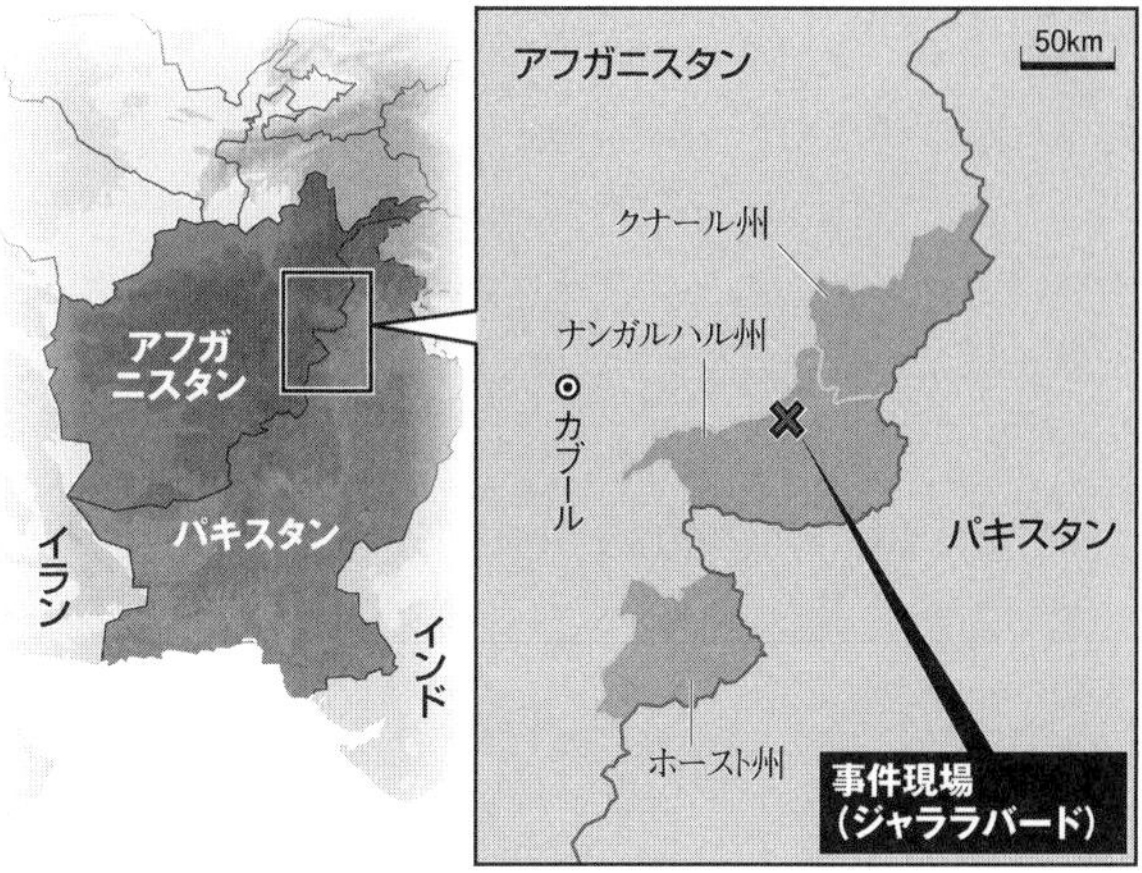

えてくる。

◉不審な白いカローラ

中村医師らは、この日も同じ出勤ルートを選んだ。すでに日は昇り、交通量は多かったが、車は止まらずに流れていた。目抜き通りには、黄色いリキシャ（タクシー）のクラクションが響いていた。中村医師が乗る1台目と警備用の2台目は車列をなし、前後ぴったりと離れずに走った。目抜き通りを進み、州庁舎近くの交差点で左折し、ビスード・ロードへ。1ブロック進み、路面が荒れた区間にさしかかった。次のブロックまで凸凹が続くため、警備上は好ましくないが、速度を落とさざるを得ない。

速度が落ちたところで、異変が起きた。車

列の左後ろから突然、不審な白いカローラが猛スピードで近づき、車列を追い越すやいなや、道をふさぐように前方に割り込んできた。衝突を避けるため、中村医師が乗る1台目は右に急ハンドルを切り、通り沿いの料理店の前で止まった。2台目もブレーキを踏んで緊急停止した。

同時に「パン！　パパン！」と車列に向かって一斉に銃撃が始まった。「最初は道の右側から、次に左側から、銃弾の雨が降ってきました」。唯一の生存者である2台目の運転手ヤシーンは、取材にそう証言した。銃撃が始まった直後、ヤシーンがバックミラーをのぞくと、白い民族服シャルワルカミーズを着た若い男が銃をこちらに向けながら近づいて来るのが見えた。このまま車内にいては殺されると思い、覚悟を決めて運転席のドアを開け、転げ落ちるように車外に飛び出した。その時、飛び交う銃弾の一つが後部タイヤに当たり、破裂して周囲に砂煙が上がった。ヤシーンは砂煙の中を匍匐《ほふく》前進し、通りの反対側まで逃げ切った。振り向くと、護衛マンドザイが砂煙の中で同じように身をかがめているのが見えた。しかし、銃声とともにその体は路面に崩れ落ちた。マンドザイの動きは止まり、路上に血だまりが広がった。

ヤシーンは通りの反対側で息を殺し、顔を伏せていた。銃声がやみ、犯行グループの男たちの声が聞こえてきた。男たちは「全員死んだぞ」と現地語で確認し合い、倒れた護衛たちの銃を回収した。ヤシーンの目には6～7人の男の姿が見えた。男たちは白いカロー

銃撃直後の中村医師の四駆＝2019年12月4日、ジャララバード、住民提供

ラと、路地裏に止めていた別の車の計2台に分乗して走り去った。白いカローラが現れてから男たちが立ち去るまで、わずか1分ほどの出来事だった。

ヤシーンは体を起こし、中村医師が乗る1台目に駆け寄った。運転席では運転手ザイヌラが頭を撃たれ、前かがみに倒れていた。ヤシーンは助手席側に回ってドアを開け、うなだれる中村医師に「ハエ？（大丈夫ですか）」と尋ねた。かろうじて一言、「ズハヤム（大丈夫だ）」と返事が返ってきた。中村医師の作業着には血がにじみ、胸のあたりが真っ赤に染まっていた。ヤシーンは中村医師のシートベルトを外し、体を担いで2台目に乗せ、近くの公立病院へ急いだ。道は混み合っていたが、クラクションを鳴らし、窓から「道を開けろ！　開けろ！」と叫び続けた。後部タイヤが破裂していたこともあり、病院に着くまでに約8分かかった。その間にヤシーンは携帯電話を手に取り、中村医師の右腕として現地NGO「PMS」を統括してきたジア医師に電話をかけた。「襲撃されました。ほぼ全員が殺されました。中村医師は生きていますが、けがをしてます。すぐ病院に来てください!」。これが事件を伝える第一報となった。

病院に着くまで、助手席の中村医師は、シートの上で身をよじりながら痛みに耐えていた。「ダルド(痛い)……」と声を漏らし、手すりをつかんだり、シートに顔をうずめたりしていた。病院に着くと、医療スタッフが担架を持って飛び出してきた。中村医師は担架に乗せられ、救急外来に運ばれた。医療スタッフが中村医師に「大丈夫ですか?」と問いかけると、中村医師は腎臓の辺りを指さしながら「痛みがある」と訴えた。中村医師は声を絞り出すようにして「ザイヌラたちは無事か?」と医療スタッフに尋ねた。中村医師は意識が遠のく中でも、運転手や護衛の安否を気にしていた。

◉右脇に傷、肝臓から出血

応急処置にあたったのは、外科部長のムハンマド・サルワール・フマユーン医師(60)らだった。フマユーンは朝のミーティング中だったが、重大事件の負傷者が運び込まれる

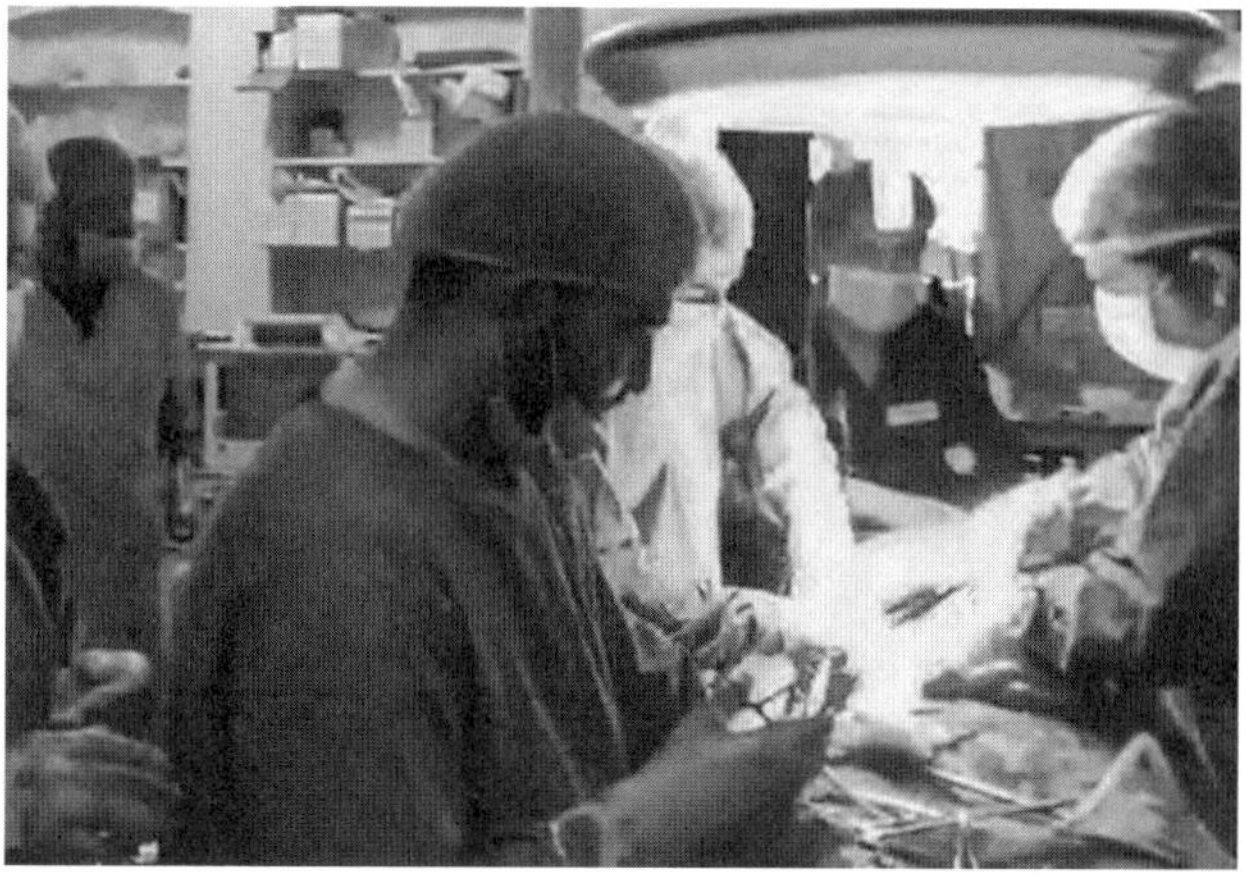

中村医師の緊急手術の様子＝2019年12月4日、ジャララバード、関係者提供

と聞いて救急外来に駆けつけた。担架にはおびただしい量の血液が流れ、中村医師はショック状態で意識を失っていた。血圧は絶命寸前とされる60ｍｍHgまで下がり、自発呼吸が難しくなっていた。フマユーンは中村医師の服を脱がし、左右の腕から点滴を行った。点滴によって血液の減少を補い、ショックを一時的に和らげて、救命率を上げるためだ。

同時に全身の傷の状態をチェックした。右の脇の下あたりに深い傷を見つけた。傷口は長さ7センチほどあり、肋骨3本にまたがっていた。そこから体内および体外に大量の血液が出ていた。輸血のために同じ血液型の血を手配した。超音波（エコー）検査によって、腹腔内に血液がたまっていることも確認した。右脇だけでなく内臓にも傷があり、出血していることがうかがえた。処置にかかった時間は、ここまで約4分。命をつなぎとめるには一刻の猶予もなかった。中村医師を救急外来から手術室に移し、手術室中央の手術台の上に乗せた。

水色の手術着を着たフマユーンや看護師ら10人以上が手術台を囲んだ。その様子を捉えた動画も残っている。フマユーンは手術台の明かりの下で、改めて中村医師の体に目をこらした。右脇の傷とは別に、右の背中に小さな穴が開いているのに気づいた。ほくろのような丸い穴だった。一般に銃弾が体に入るときの穴は小さく、体を貫通して出るときの穴は大きくなる傾向がある。

気管にチューブを通し、酸素を送り込んだ後、体内の状況を調べるために、腹部や胸部を切開した。中をのぞくと、腹部と胸部の間にある横隔膜が破れているのが分かった。横隔膜が破れると、腹部の血液が胸の方にも流れ、たまっていく。これが中村医師の呼吸を難しくさせているようだった。胸腔にチューブを1本差し込み、たまった血液を外に出せるようにしてから、胸部を縫い合わせた。

次に腹部の処置に移った。中を見たところ、腹腔内に2・5~3リットルの血液がたまっていた。体全体の血液の、およそ半分にあたる量だ。出血の主な原因は、肝臓の傷だった。にじみ出る血液を止めるため、傷口にガーゼを押し当て、糸で縫い合わせた。腎臓の上部にも傷が見つかり、同じように止血を試みた。腹腔内の肝臓と骨盤の近くに1本ずつチューブを差し込み、腹部を閉じた。その間、ずっと左右の腕から輸血を続けていた。

傷の位置が分かると、銃弾の通った経路が推測できる。右の背中から入った銃弾が、背中に近い位置にある腎臓をかすめ、隣り合う肝臓も傷つけ、その上を覆う横隔膜を破った後、最終的に右脇を突き破って体外に出たのではないか。そうフマユーンらは考えた。右の背中から入った銃弾1発が、蛇行しながら内臓を傷つけたという見立てだ。

約1時間の処置の間に、一度だけ中村医師の目が開いたことがあった。医師らが「大丈夫ですか?」と問いかけると、中村医師は首を縦に振ったが、言葉を発しないまま再び意識を失った。医師や看護師だけでなく、病院の清掃スタッフまでもが泣きながら、「ドクター・ナカムラを死なせてはならない」「生き残って」と口々に唱えていた。医薬品や器具が慢性的に不足している公立病院としては、これが精いっぱいの処置だった。

◉間に合わなかった首都搬送

中村医師の様子は、シャーマフムード・ミアヒル州知事などを通じて、首都カブールのアシュラフ・ガニ大統領に刻々と伝えられた。中村医師の血圧が一時的に100mmHgまで持ち直したところで、ガニ大統領はミアヒル州知事に対して命令を下した。「ドクター・ナカムラをカブールに搬送せよ」。搬送中に中村医師の容体が急変するリスクもあったが、命をつなぐには他に選択肢がなかった。搬送先の候補に挙がったのは、カブール近

中村医師を心配する人たちが病院に集まり始めた＝2019年12月4日、ジャララバード、住民提供

郊のバグラム米軍基地内の医療施設。国内でも数少ない高度な設備を整えた医療施設だった。

「カブール搬送」の噂は、瞬く間に広まった。中村医師を心配する住民たちが病院に集まり、病棟に横付けされた救急車の周りに人垣ができた。事件発生から約2時間が経った午前10時過ぎ、中村医師は手術室から担架で運び出され、白い救急車に乗せられた。中村医師に意識はなく、鼻や口にチューブを通されていた。付き添いの外科医や麻酔科医も救急車に乗り込んだ。迷彩服を着た治安要員が銃を構え、周囲を見張っていた。

病院から空港までは救急車で20分弱。救急車は空港のゲートにさしかかったところで米軍に止められた。空港は米軍の管理下にあり、外科医や麻酔科医であっても、中に入ること

中村医師の遺体をヘリに乗せ、首都に運んだミアヒル州知事（左）＝2019年12月4日、ジャララバード、本人提供

は許されなかった。代わりに米軍の車両がゲートまで来て、中村医師だけを運んでいった。

中村医師の心肺が止まったのは、その後だ。容体の変化や手術の経過を知る者がいない空港内で、いったいどんな救命措置が取られたのか、米軍は明らかにしていない。滑走路には搬送用の茶色い軍用ヘリコプターがスタンバイしていた。中村医師の遺体は白い袋に入れられ、仰向けの状態で機内に横たえられた。遺体の横にミアヒル州知事が座り、カブールの空港へと飛び立った時には、もう日が傾き始めていた。遺体を乗せたヘリコプターは、西日を浴びながらカブールの空港に着陸した。空港では駐アフガニスタン日本大使館の鈴鹿光次大使が待ち受け、すぐに遺体をカブール南部の検死施設へと運んだ。司法解剖し、傷の状態や死因を調べるためだ。

◉見落とされていた銃弾

当初の見立てでは、銃弾が当たったのは右の背中の1発と考えられた。しかし、検死医がレントゲン写真を撮ったところ、遺体の腰あたりに別の銃弾が残っていることが判明した。上半身に当たった銃弾の一つが、体内にめり込み、腰のあたりで止まったようだった。検死医は遺体の状態から、上半身に複数の銃弾が当たり、肝臓などが傷ついて、短時間に大量の血液が失われたことが死を招いた、と結論づけた。検死医は鈴鹿大使に断ったうえで、遺体の腰あたりにメスを入れ、残った銃弾を抜き取った。

その後、遺体は空港近くの軍病院に移された。軍病院は市内でも警備が厳しい場所の一つだが、2年前には白衣を着た武装集団が侵入し、少なくとも30人が殺された現場でもあった。もはやカブールに、安全な場所などどこにもなかった。

事件2日後の6日午後2時半ごろ、中村医師の遺族（妻尚子さん・長女秋子さん）や、活動を支えてきたNGO「ペシャワール会」（福岡市）の幹部ら計5人が、カブールの空港に着いた。遺族は日本大使館が用意した白い防弾車に乗り、日本大使館に立ち寄った後、軍病院の遺体安置所に移動した。遺体安置所には日本とアフガニスタンの国旗が並び、赤とピンクの花輪が置かれていた。丸い花輪の中央には遺影が添えられていた。遺影の中村

中村医師の棺をかつぐガニ大統領や儀仗兵＝2019年12月7日、カブール、大統領府提供

医師はトレードマークの民族帽をかぶり、作業着姿でほほえんでいた。花輪の隣には白い布で覆われた棺があり、その上に黄色い花束と、静かに目を閉じる中村医師の死後の写真が飾られていた。茶色のスカーフを頭に巻いた尚子さんは、棺のそばに歩み寄り、写真に手を添えてすすり泣いた。秋子さんは尚子さんに肩を寄せ、付き添いの日本大使館員や報道陣に何度も「お世話になりました」とお辞儀した。

遺体安置所を後にした遺族は、夕方に大統領府に招かれ、ガニ大統領や大統領夫人と面会した。ガニ大統領は、中村医師の死は国家にとって「壊滅的な悲劇」だとし、「アフガニスタンの全国民が死を惜しんでいます」「ドクター・ナカムラの献身はアフガニスタン人の心の中に刻まれており、決して忘れられることはありません」と述べた。

一夜明けた7日の午後4時前、カブールの空港の滑走路脇で出棺の儀式があった。儀式には、黒いスカーフを頭に巻いたガニ大統領やハムドゥラ・モヒブ大統領顧問（国家安全保障担当）ら政府高官、ナンガルハル州のミアヒル知事や長老たち、中村医師の遺族、鈴鹿大使らが参列した。音楽隊のトランペットが響く中、ガニ大統領は儀仗《ぎじょう》兵6人とともに、棺を肩に乗せて持ち上げた。棺を傾けないように踏ん張りながら、赤絨毯の上を50メートルほど行進し、駐機場で待機する民間航空機（ボーイング777－300ER）のそばまで運んだ。アフガニスタンで棺を担ぐ行為は、犠牲者への最大の敬意と追悼の意を表すものだ。

その後、ガニ大統領は遺族の隣に立ってスピーチし、「治安機関がすぐに犯人を捕まえ、罰します」と誓った。日本語が堪能な駐日アフガニスタン大使館のバシール・モハバット大使が同時通訳し、それを遺族がうなずきながら聞いた。スピーチが終わり、棺が機体の貨物室に納められた。搭乗しようと機体に向かう遺族の後を、長老たちが小走りで追いかけた。最後に感謝の気持ちを伝えるためだった。

◉「カカ・ムラド」失った悲しみ

棺は中東ドバイを経由し、8日午後5時に成田空港に着いた。夜のうちに羽田空港に移動し、翌9日朝の便で福岡空港に降り立った。空港職員が7人がかりで棺を機外へ降ろす様子を、ペシャワール会の関係者や九州に住むアフガニスタン人たちが展望デッキから見守った。展望デッキには「あなたは私たちのヒーローです」と書かれた横断幕が掲げられた。

11日午後に福岡市の斎場で行われた葬儀には、親交が深かった支援者や同級生ら約1800人が参列した。会場には中村医師が好んだクラシック音楽が流れ、正面の棺のそばには、ともに命を落とした運転手1人と護衛4人の遺影も並べられた。

中村医師の訃報は、世界を駆け巡った。米ワシントン・ポスト電子版は、「日本の傑出した人道活動家とその仲間がアフガニスタン東部で殺害された」と題する記事で、1980年代から続く支援活動がアジアのノーベル賞といわれるマグサイサイ賞（2003年）を受賞していることを紹介し、「我々は皆が行きたがる場所には行きません。本当に支援を必要とし、誰も行きたがらないところに行くのです」という中村医師の生前の言葉をつづった。英BBC電子版は、「アフガニスタン人の生活向上のために人生をかけた」と書き出し、治安が落ち着かない地域で身を守る最善の方法は、銃を持ち歩くことではなく「誰とでも友達になることだ」という中村医師の信条を紹介した。

事件のあったジャララバードでは、追悼集会が開かれた。地元のNGOスタッフら

中村医師を追悼する人たち＝2019年12月4日、ジャララバード、参加者提供

100人近くが、ろうそくに火をともして中村医師の写真を掲げた。拡声機を代わる代わる手に取って「あなたは灌漑事業によって砂漠を天国の庭のように変えてくれました」と語り、「ドクター・ナカムラは帰らないが、せめて犯人を罰し、正義の実現を」と訴えた。それは中村医師を「カカ・ムラド」（ナカムラのおじさんの意）と呼んで慕ってきた、多くのアフガニスタン人の思いを代弁する声だった。

悲しみや怒りの声は、テレビやラジオ、SNSを通じてアフガニスタン全土に広がった。ガニ大統領は捜査を自ら指揮し、必ず犯人を捕まえると国民に約束した。約束を果たすには、特別な捜査態勢が必要だった。ガニ大統領は捜査を警察に任さず、情報機関の力に頼ることにした。秘密工作や夜襲作戦を手がける情報機関が主導権を握ったことで、捜査は思わぬ方向に進んでいくことになる。

中村医師とアフガニスタン　中村医師は1978年、パキスタンとアフガニスタンの国境部のヒンドゥークシ山脈を登った際、医療が届かない山村の苦しみを目の当たりにし、心を痛めた。1984年にパキスタン北西部ペシャワルに赴任し、ハンセン病の治療にあたりながら、戦乱が続くアフガニスタンにも活動を広げた。医者のいないアフガニスタンの山村に三つの診療所を建て、年数万人の患者を手当てする地域医療の拠点に育てた。大干ばつがアフガニスタンを襲った2000年以降は、水を確保するために約1600本の井戸を掘った。また、東部のクナール川流域に取水堰《せき》や用水路をつくり、砂漠化を食い止める灌漑事業に乗り出した。これにより東部の約1万6500ヘクタールに緑をよみがえらせ、国民から英雄視される存在となった。

第1章◉狙われた通勤路

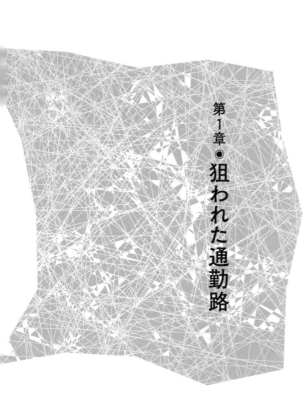

◉初動捜査のつまずき

中村医師の灌漑事業を「復興のモデル」とたたえてきたガニ大統領は、事件後、ツイッターに中村医師とのツーショット写真を載せ、「大勢のアフガニスタン人に恩恵をもたらした」と感謝の言葉をつづった。同時に、中村医師の事件を自らが捜査を監督する「最重要事件」に指定し、最新鋭の武器や情報網を持つアフガニスタン情報機関「国家保安局」(NDS)に特別捜査チームを作らせた。ガニ大統領の腹心で、情報機関トップや副大統領を務めたサーレは、「ドクター・ナカムラの事件の謎が、謎のままで終わることなどあり得ない。この重大犯罪を必ず裁きにかける。約束します」とツイッターで宣言した。

アフガニスタン情報機関は、米国で言えば中央情報局(CIA)に当たる組織だ。敵を陥れ、スパイをあぶり出す工作活動を得意とし、目的を果たすためには法を逸脱するような強行策もいとわない。逆に、法に定められた手順で地道に証拠を集めるような捜査は、疎んじる傾向があった。日本警察が持つような鑑識の技術でもあれば話は別だが、そうしたツールは持ち合わせていない。立証に役立つかどうか分からない証拠を探すよりも、犯罪組織の中に潜り込ませた内通者から情報を得たり、通話を盗み聞きしたりして犯人を突き止めた方が、手っ取り早いという考えだ。

銃撃された中村医師の四駆＝2019年12月4日、ジャララバード、住民提供

中村医師の事件現場でも、情報機関の体質がのぞいた。現場の路面には犯行グループの足跡やタイヤ痕、血痕などが残っていたが、情報機関はそれらを十分に検証しないまま放置したので、付近住民が水とほうきで洗い流してしまった。また、中村医師が乗っていた四駆には、中村医師に当たったとみられる銃弾の薬莢《やっきょう》が転がっていたが、情報機関は興味を示さず放っておいた。日本の外交筋は取材に対し、「情報機関と内務省は現場の実況見分さえしていない。初動捜査ができていない。かといって日本の警察がアフガニスタンに乗り込むわけにもいかない」と悔しさをにじませた。

代わりに情報機関は、重要参考人の取り調べに力を入れた。最初に調べたのは、中村医師の後続の警備車両を運転していた運転手やシーン（45）だった。ヤシーンによると、情報機関の取調官は「ドクター・ナカムラに同行していたアフガニスタン人は6人いたのに、なぜお前だけが助かったんだ？」と繰り返し聞いた。ヤシーンは「助かったのはなぜか？　そんなの分かりっこない。アッラーが決めたことだ。あんたもムスリムなら理解できるだろ」と言い返し、中村医師のために15年間働いてきた思いや、血を流す中村医師を病院に運んだ経緯を説明した。夕方始まった取り調べは、日をまたいで計24時間続いたという。

◉警察が進展を演出

情報機関に主導権を奪われた警察は、警察なりに存在感を示そうとした。事件から5日後の昼、ナンガルハル州政府幹部が「警察が2人を逮捕したらしい」との断片情報を、私を含む知り合いの記者たちに流し始めた。そして同日夜、ナンガルハル州警察の報道官は電話取材に「事件に関わった疑いで男2人を逮捕した」と話し、「男のうち1人は40代で、フロントガラスが割れた車の所有者」「もう1人はその知人」「男たちの自宅から武器や治安機関の制服を押収した。ドクター・ナカムラの事件に関わった疑いがある」と説明した。ただ、男2人が具体的にどう事件に関わったのかについては話そうとしなかった。国内外のメディアが一斉に「事件に関わった疑いで男2人を逮捕」と伝えた。

こうした警察の動きに、情報機関は不快感を示した。捜査の中心メンバーである情報機関チーフのナザール・アリ・ワヒディは、翌朝集まった報道陣を前に「(警察の発表は)大きな過ちだ。男2人がドクター・ナカムラの事件に関わったことを示す証拠は一つもない！」と声を荒らげた。「自宅に武器があったから逮捕だって？ ここは一家に1丁、銃がある国だ。それら全部を逮捕しようってのか。現実を見なければならない。捜査は(警察ではなく)大統領が送り込んだ情報機関のチームがやっているんだ。真の容疑者は誰一人として捕まっていない」。チーフの言うとおり、警察が「事件に関わった疑いがある」と発表した男2人は、過去2週間に逮捕した99人の容疑者のうち、直近の2人をこじつけたものだった。

ちまたでは様々な犯人像が語られた。真っ先に疑われたのが、アフガニスタン最大の反政府武装勢力であるタリバンだった。ガニ政権を倒してイスラム法に厳格な国を作りたいタリバンは、ガニ政権を支えている国際機関やNGOを追い出すために、外国人を狙った襲撃や誘拐を頻発させてきた。実際、国際機関やNGOに勤める者であれば、米国人であろうと日本人であろうと国籍に関係なく狙っていた。タリバン中枢幹部の中には、欧米系のNGOと中村医師のNGOを区別し、中村医師の活動を部下が妨げないよう注意を払ってきた者もいたが、その意識が末端にまで共有されているわけではなかった。

◉タリバンが犯行否定

疑いの目が向けられるなか、タリバン報道担当のザビフラ・ムジャヒド幹部は、SNSなどを通じて火消しを急いだ。事件発生の5時間後、ムジャヒド幹部はツイッターに犯行を否定するメッセージを投稿し、「NGOの代表である日本人を狙った襲撃事件は、(我々の)戦士たちと何の関係もない。農地の復興を手がけるNGOの活動は攻撃の対象にはなりえず、我々とは良好な関係だった」と主張した。さらに、タリバンは翌日、ネット上に現地のパシュトゥー語で追悼声明を出し、中村医師のことを「ドクター・ナカムラ」と呼んで、「乾燥した砂漠を緑の穀倉地に変えてくれた」「貧しく抑圧された農民に対して立派な仕事を成し遂げた」と死を惜しんだ。犯人像については「(タリバンと対立する)アフガニスタン情報機関や、それに連なる武装グループが関与したとみられている」との持論を展開し、自らの関与を否定した。タリバンが声明で犯行を否定すること自体は珍しくないが、その中で故人との関係を明らかにしたり、その功績に触れたりするのは、まれなことだった。中村医師を英雄視する民心を意識し、疑念を払拭しようとしたものとみられる。

疑わしい人物として地元の有力者の名前も挙がった。事件のあったナンガルハル州の利権を握る政治家ハズラット・アリ(57)も、その一人だった。現地では事件後、中村医師の灌漑事業によってもたらされた水や、緑豊かになった土地の配分をめぐって、利権を一手に握りたいアリやその部下が、中村医師との間でトラブルを抱えていたのではないか、という噂が出ていた。噂は臆測の域を出ないものだったが、アリに疑いの目を向ける捜査員もいた。

捜査は思うように進まず、警察や情報機関の口は重くなっていった。ナンガルハル州警察は「事件に関わった疑いがある」として逮捕していた男らを、ひっそりと釈放した。州警察の報道官は釈放の事実を認めようとしなかったが、男らの親族への取材で判明した。情報機関の報道官は取材に応じると言いながら、インタビューを何度もすっぽかした。捜

タリバン　内戦で国土が荒れていた1994年、南部カンダハルを拠点とするオマル最高幹部が、イスラム法による「世直し」を掲げて旗揚げした勢力。タリバンは現地語で「神学生たち」という意味。1996年に政権をとったが、極端なイスラム法の解釈で女性の就労や就学を制限し、国際社会で孤立した。偶像崇拝を禁じ、中部バーミヤンの大仏遺跡を爆破。2001年の米同時多発テロの首謀者とされるビンラディンをかくまったとして米英軍の攻撃を受け、政権の座を追われた。以来、反政府武装勢力として自爆攻撃などを用い、駐留米軍や駐留米軍を後ろ盾とするアフガニスタン政府と泥沼の戦いに。選挙など民主主義の制度にも反対している。

査が行き詰まったか、進展を待っているのか。捜査の中心だった情報機関のチーフは、人事異動でナンガルハル州から首都へと引っ越していった。

◉「唯一の生存者」に聞く

捜査が進まないことは、取材をあきらめる理由にはならない。犯人像をつかむ上で、全く手がかりがないわけではなかった。プロローグでも取り上げた運転手ヤシーンの目撃談が、最初の取っかかりになった。ヤシーンは情報機関の取り調べから解放された後、中村医師の現地NGO「PMS」（平和医療団・日本）の事務所で取材に応じた。茶色い上着を羽織ったヤシーンは、イスに腰掛け、事件のことを次のように振り返った。

——事件当日の朝の様子はどうでしたか？

「いつも通りの朝でした。ドクター・ナカムラが泊まっているゲストハウスで、四駆2台で待機していました。ドクター・ナカムラが乗る1台目はザイヌラが運転し、護衛が乗る2台目は自分が運転していました。ドクター・ナカムラが出てくるまで、1台目はゲストハウスの門の中で待ち、2台目はゲストハウスの前の路肩に止めていました。ドクター・ナカムラが出てきて、1台目の助手席に乗った後、こちらにも手を振ってくれました」

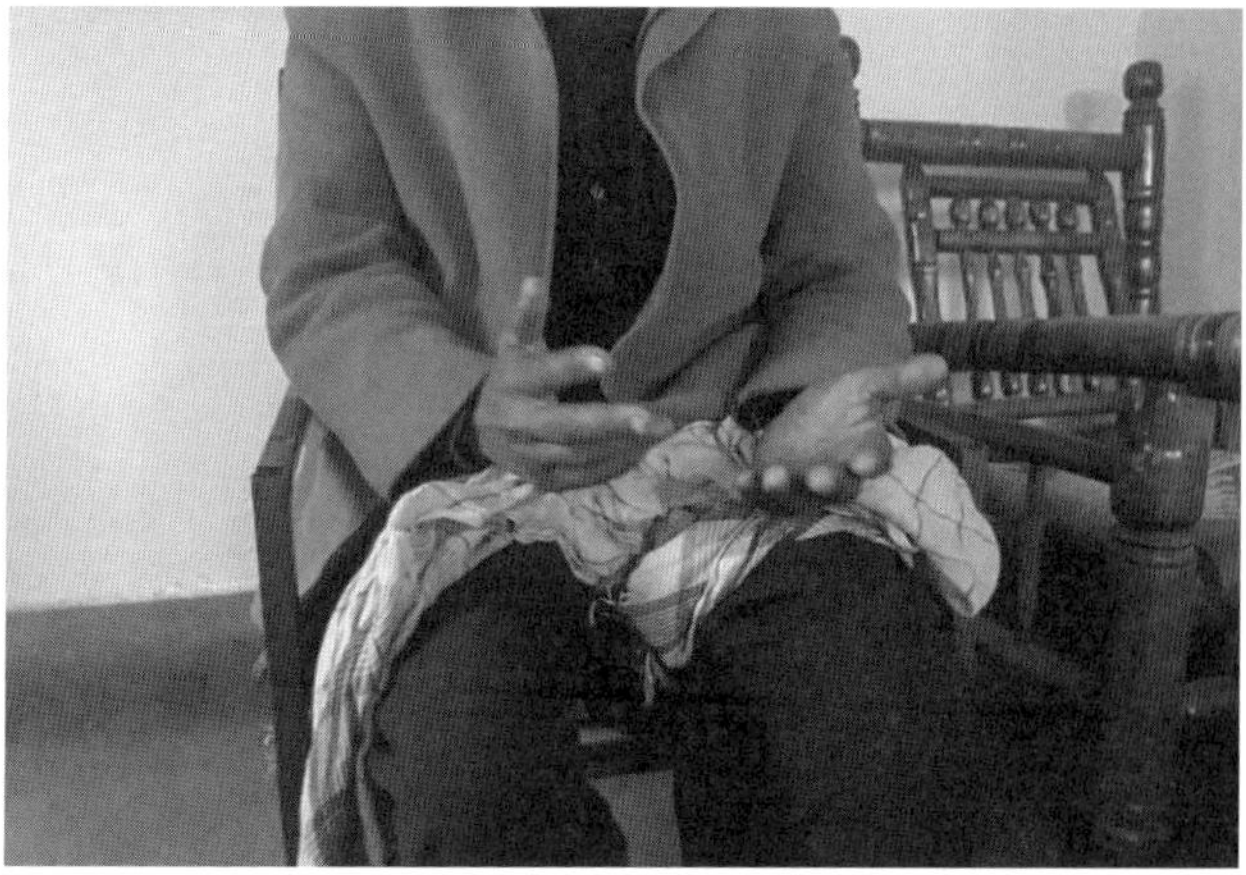

銃撃の様子を語る運転手ヤシーン＝2019年12月9日、PMS事務所

――ドクター・ナカムラはどんな様子でしたか？

「とても明るい表情でした。その日やることが多ければ多いほど、うれしそうな表情を浮かべるのです。ゲストハウスを午前8時に出発する予定でしたが、ドクター・ナカムラは午前7時50分の段階で『10分早いが出発しよう。今日はやることがたくさんある。忙しくなるぞ！』と声を弾ませていました」

――出発時間は午前8時と決まっていたのですか？

「ミスター・イトウ（2008年に殺害された伊藤和也さん）の事件が起きるまでは、朝6時に出発することもありました。しかし、事件後は州政府がドクター・ナカムラに護衛を付けるようになりました。護衛の勤務時間との兼ね合いなどで、出発は午前8時前後ということになりました。護衛は出発時刻を内務省に報告するのですが、報告が早すぎると内務省側も対応できないという事情もありました」

――勤務時間は？

「通常は午前8時～午後4時です。ただし、木曜は午後1時まで。（礼拝のある）金曜は休みでした。護衛や運転手の一部はゲストハウスに泊まり込み、ドクター・ナカムラと一緒にフルーツを食べたりお茶を飲んだりしていました。運転手として15年間、ドクター・ナカムラに仕えてきましたが、あんなに優しい人はいません。ドクター・ナカムラは『ヤシーン・ババ』（ババは慕《した》う気持ちを込めた敬称）と呼んで、家族のように付き合ってくれました」

――出勤時に何か変わったことはありませんでしたか？

「ゲストハウスを出たときに不審な車は見かけませんでしたし、何の予兆も感じませんでした。1台目がドクター・ナカムラを助手席に乗せて出発したのに続いて、自分が運転する2台目も発進しました。1台目の後ろにぴったり付いて走るようにと、護衛から指導されていました」

――銃撃を受けたのは、目抜き通りから左に折れて、ビスード・ロードという通りを北上していた時でしたね？

「通りは路面が凸凹していました。やや混んでいたこともあり、スピードを落としました。

中村医師の四駆は、料理店の前で銃撃された＝2019年12月4日、ジャララバード、住民提供

その時、白いカローラが猛スピードで走ってきて、1台目の前に割り込み、進路をふさぎました。1台目は右に急ハンドルを切り、通り沿いの料理店の店先で停止しました。（2台目を運転する）自分も急ブレーキをかけて止まりました。その際、視界に不審な男の姿が映り込みました。男は路上で（自動小銃の）AK-47を持ち、その上にスカーフをかぶせて立っていました。と同時に、銃撃が始まりました」

——銃撃はどの方向から？

「最初は右の方から、続けて左から、という感じでした。路上にいた男からも、白いカローラの方からも、撃たれたのでしょう。少なくとも四つ、もしくは五つの方向から、弾が飛んできているように感じました」

——銃撃の間、男たちの姿を見ましたか？

「自分が四駆から逃げ出す前に、バックミラーに若い男の姿が映りました。ひげは生えておらず、銃を構えていました。服装は上下とも白い（民族服の）シャルワルカミーズでした。他の男たちの容姿は覚えていません」

――男たちは何か言っていませんでしたか？

「一言だけ聞こえました。銃撃が終わった後、一人の男が『全員死んだぞ！』と叫んでいるのが聞こえました。（アフガニスタンで最も話者が多いダリ語ではなく、アフガニスタンとパキスタンの国境部に話者が多い）パシュトゥー語でした。それに対する返事は聞こえませんでした」

――何人くらいの男がいたのでしょうか？

「銃声がやんだ後、男たちが歩き回っているのが見えました。はっきり数えたわけではないですが、少なくとも6～7人はいたように思います」

――その後、男たちはどこへ？

「男たちは事件現場近くに車を止めていたようです。その車に乗って男たちは逃げていきました」

――車を止めていたと、なぜ分かったのですか？

「情報機関の取り調べを受けた際に、取調官から防犯カメラの動画を見せられました。動画には、車に乗り込む男たちの様子が映っていました」

――ということは、男たちの一部は、事前に近くに（白いカローラとは別の）車を止め、ドクター・ナカムラの車列が来るのを待っていたということですか？

「待ち伏せしていたのでしょう。ゲストハウスから事業地に向かうには、この通りを通るしかありません」

――この通りと並行して、もう少し太い通りが西側に1本、走っていますよね？

「その通りは朝の時間帯、一方通行で通れないのです。他にもルートがないわけではないですが、遠回りになるので使っていませんでした。男たちは出勤ルートが分かっていたのだと思います」

――男たちの一連の動きを振り返って、感じることはありますか？

「男たちは銃撃後、すぐに逃げるのではなく、現場を見回して、倒れた護衛の銃を全て回収していきました。しかも、銃撃が始まってから男たちが立ち去るまで、わずか1分弱の出来事でした。普通の人間ができることではありません」

私はヤシーンの証言を聞きながら、犯行グループに対して、いっそうの気味悪さを感じていた。犯行グループは複数の男からなり、通りに先回りする待ち伏せ班と、その待ち伏せ班の目の前に中村医師の車列が止まるよう進路をふさぐ白いカローラの班の2班に分かれていた。しかも、犯行グループは、中村医師の出勤ルートや出勤時間などを事前に把握していたようだった。中村医師は強盗などの犯罪に巻き込まれたのではなく、何らかの意図を持った犯罪集団に計画的に狙われた可能性が浮かび上がってきた。

ヤシーンの証言を現場の地理に落とし込み、理解を深めるために、私と助手は事件現場を歩いた。別の目撃者の証言と照らし合わせたり、防犯カメラの映像を探したりすることで、より正確に銃撃の状況をつかみたかった。

現場は南北方向に延びるビスード・ロードに、東から来る細い路地がぶつかるT字の交差点にあった。交差点の南東角には、青い看板に「ムスタファ」と書かれた平屋の料理店があり、店先には羊や鶏を焼く炭火コンロや、干しぶどう入りの焼き飯「プラオ」を作る調理場があった。中村医師の四駆が急停止し、銃撃されたのは、まさにこの調理場の前だった。

◉6メートルの距離で目撃

あいにく料理店に防犯カメラはなかったが、店員の一人が事件の一部始終を目撃し、記憶していた。事件当日、調理場にいた料理人のイスマトゥラー・クナーリ（40）。クナーリの目撃談の概要は、事件翌日に聞いていたが、その時は十分なやりとりが出来なかったため、改めて警備のしっかりした建物の談話スペースで落ち合い、話を聞くことにした。

中村医師が撃たれた時の様子を語るクナーリ＝2020年1月、カブール、乗京真知撮影

助手に同席してもらい、パシュトゥー語の通訳をお願いしました。

――事件が起きた日の朝は、何をしていましたか？

「料理店で米を炒めていました。店先に調理場があるので、人や車の往来を見ながら料理をするのです」

――通りの様子は？

「いつもと同じように、通勤の車やトラックの往来が激しい日でした。警察の車は見かけませんでしたね。特に変わった様子はありませんでした。朝8時ごろまでは」

――朝8時に何がありましたか？

「1台の車が、店の脇の路地に停車しました。そこから男3人が順番に降りてきました。店に入るのかと思ったのですが、店の前で立ち止まり、道路を見渡していました」

――3人の特徴は？

「1人目は、自動小銃を持っていました。30代後半から40歳くらいに見えました。中背で筋肉質でした。帽子はかぶらず、あごひげはそっていました。白っぽい民族服を着ていて、肩にはクリーム色のスカーフをかけていました。スカーフの端から自動小銃の銃身がのぞいていました」

――銃を持ち歩く人は多いのですか？

「一般市民が銃を持ち歩くことは、ほとんどありません。ただ、男はとても落ち着いた様子で道路を眺めていましたので、私服警官なのだろうと思いました。男は道路を見渡した後、向こう側に渡って、誰かと携帯電話で話をしていました。話を終えた後、また店の前に戻ってきたのですが、そこでカチッと音がしました。男が銃の安全装置を解除した音でした。何が始まるのだろうかと、少し不安になりました」

――2人目は？

「自動小銃の男の横には、若い男が立っていました。若い男は20歳くらいで、長身のやせ形でした。きれいにひげをそり、上等な民族服を着ていました。結婚式に行くような格好だなと思ったのを覚えています」

――若い男も銃を持っていたのですか？

中村哲さんが銃撃された状況
目撃者の証言から

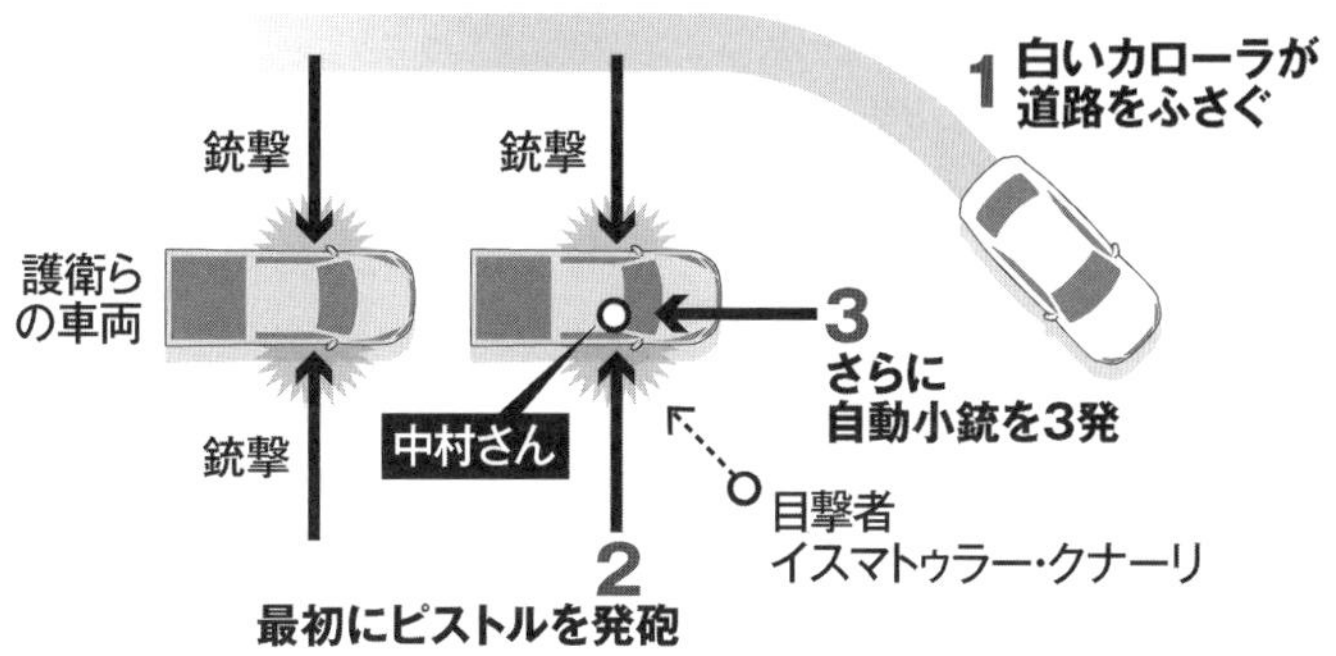

「はい。右の腰からピストルを抜くのが見えました。いよいよ恐ろしくなりました」

――3人目は？

「中年の男でした。ひげは短く、白髪が交じっていました。背が高くて、恰幅《かっぷく》のいい男でした。茶色っぽい民族服を着ていたように記憶していますが、色が違っているかもしれません。やはり手にはピストルを握っていました」

――事件の何分前のことですか？

「だいたい2分くらい前でした」

――そこにドクター・ナカムラや護衛が乗った四駆2台が通りかかったわけですね？

「そうです。ドクター・ナカムラの四駆2台が、ちょうど目の前に差し掛かろうとしたときでした。突然、不審な白いカローラが現れ、進路を妨害したんです」

――どんな風に妨害を？

「白いカローラが、四駆2台を後ろから追い越し、前に割り込んで急停止しました。ドクター・ナカムラが乗った四駆は、ハンドルを右に切りながら急ブレーキをかけ、調理場の前で止まりました。調理場から6メートルくらいの距離でした」

――そこで銃撃が？

「急停止と同時に激しい銃撃が始まりました。白いカローラには、銃を持った男が数人乗っていました。白いカローラの窓から、銃を持った手が伸びるのが見えました。ですので、急停止しながら撃っていたんだと思います。先に待ち伏せしていた3人組も発砲し始めました」

――ドクター・ナカムラの護衛たちは、反撃できたのでしょうか？

「反撃する間もなく、全員が撃たれました。四方から銃弾が飛んでいたので、どこに撃ち返せばいいのかも分からなかったのだと思います。ドクター・ナカムラの隣に座る運転手も、体をガクンと揺らした後、ハンドルに顔をうずめるようにして、前に崩れました」

――ドクター・ナカムラは？

「撃たれたように見えました」

――誰にですか？

「3人組のうちの1人だと思います。若い男か中年の男かは、記憶がはっきりしませんが、とにかくピストルを持った1人が助手席に近づいて、撃ったように見えました」

——ドクター・ナカムラの様子は？

「ドクター・ナカムラは、ダッシュボードに突っ伏すようにして、倒れ込みました。しかし、銃撃がいったんやんだとき、ドクター・ナカムラの意識が戻りました」

——なぜ意識が戻ったと分かったのですか？

「倒れていたドクター・ナカムラが、ふっと顔を上げ、左右を見渡したんです。そのことに、若い男が気づきました」

——どうして？

「死亡したかどうかを、確認していたようです。四駆の周りを見て回っていました」

◉「日本人が生きている」叫び3発

——それで若い男は何を？

「若い男は『ジャパニ　ジュワンダイダ（日本人が生きている）』と声を上げました。それを聞いた自動小銃の男が、四駆のフロントガラス越しに3発、ドクター・ナカムラに向かって弾を撃ち込みました。ドクター・ナカムラは意識がもうろうとしていて、抵抗することはできなかったのだと思います」

――あなたは逃げなかったのですか？

「目の前で突然起きたことなので、逃げる余裕もなく、その場で腰を落とすのが精いっぱいでした。ドクター・ナカムラが撃たれた後、助けなければと思い、とっさに腰を上げた瞬間もありました」

――近づけたのですか？

「いいえ。中年の男が、こちらにピストルを向けて、『ウダリガ（止まれ）』と警告しました。そこから動けませんでした」

――男たちは、すぐに立ち去ったのですか？

「ドクター・ナカムラを撃った後、自動小銃の男は『トールワジャルショウエダ（全員死んだ）』『ズー（行くぞ）』と言いました。男たちは店の脇の路地に止めていた車や、白いカローラに分乗し、立ち去りました」

――急停止から立ち去るまで、どれくらいの長さでしたか？

「1分ほどだったと思います」

――実名で目撃情報を語ることに恐れはありませんか？

「いいえ。自分の使命だと思っています。神から与えられた役目です。自分が見たことを言い残すことが、国に尽くしてくれたドクター・ナカムラへの、せめてもの償いだと考えています」

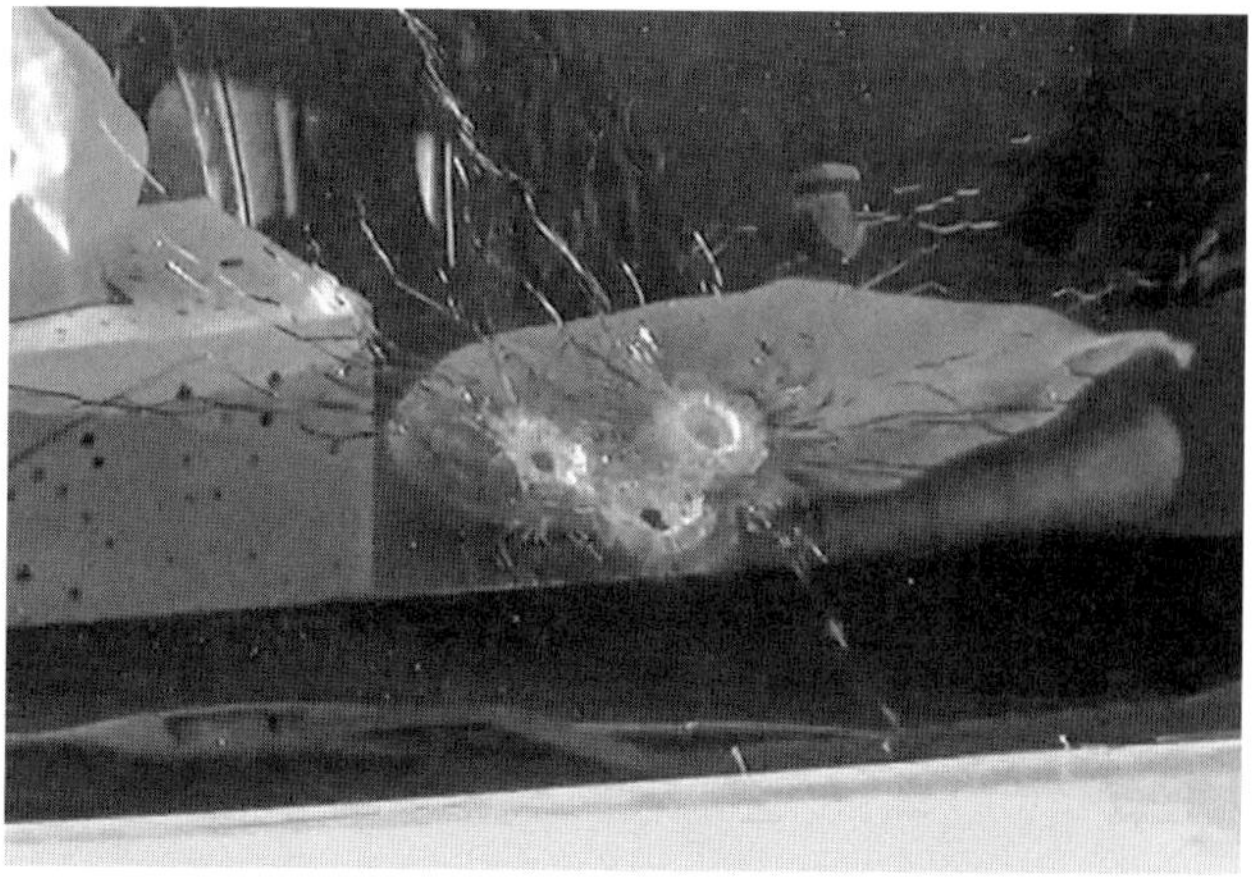

中村医師の四駆のフロントガラスに残った銃撃痕＝2019年12月4日、ジャララバード、パジュワク・アフガン通信提供

クナーリの証言によって、犯行グループの動きがより鮮明に見えてきた。通りを毎朝眺めてきたクナーリだからこそ、小さな変化に気づくことができたのだろう。観察していた。クナーリは異変の一つ一つを目で追い、登場人物が多い事件を目撃した場合には、年齢や服の色などが記憶の中で入り交じることがあるが、それを踏まえてもなお、路地に止まった見慣れぬ車や、その車から降りてきた男のしぐさ、スカーフの端からのぞいた銃身などの描写は細かく、銃撃の流れをつかむ上で貴重な証言であることには違いない。

クナーリから話を聞く中で、私が最も驚いたのは、若い男が中村医師のことを「ジャパニ（日本人）」と呼んでいた点だ。アフガニスタンで日本人は、その顔立ちから「中国人」もしくは「ハザラ」（少数民族）と呼ばれることが多く、見た目だけで「日本人」と判断されることはほぼない。つまり犯行グループは、標的の中に「日本人」が含まれていることをあらかじめ知っていた可能性が高い。犯行は場当たり的なものでなく、「日本人」の中村医師を狙って計画されたと考えるのが自然だろう。

待ち伏せ班の無駄のない動きも気になった。待ち伏せ班は、中村医師の四駆がさしかかる2分前に、中村医師の四駆が止まることになる店先に陣取り、中村医師に最も近い助手席側の窓ガラス越しに、ピンポイントで銃を放っていた。ターゲットの行動を先読みし、十分に引きつけてから任務を遂行する、男らの周到な計画の一端が見て取れる。

◉逃走シーンを捉えた映像

そしてもう一点。クナーリによると、犯行グループは、待ち伏せ班が路地に止めていた車と、中村医師の四駆を停止させた白いカローラの2台に分乗し、逃げ去った。これはヤシーンが情報機関の取り調べ中に見せられた防犯カメラの映像と同じ場面だ。この映像はどの位置から撮られたものか。付近住民によると、防犯カメラは路地沿いの2階建ての建物に付いていて、事件直後に「カメラはないか」と訪ねてきた情報機関が回収していったという。確かに、事件現場の交差点から路地沿いに50メートルほど進んだところには、レンガの壁に囲われた2階建ての建物があり、軒先に高さ3メートルほどの金属ポールが立っていた。金属ポールの先には、止め金具だけが残っていた。

私たちと同時期に、地元テレビ局「エニカスTV」も映像を探していた。州政府や警察にパイプを持つエニカスTVの記者が、一足早く映像を入手。「エニカスTV提供」と明示することを条件に、朝日新聞に映像を提供してくれた。

映像は、モニターに映し出した防犯カメラの動画を接写したもので、1分31秒あった。例の金属ポールの先から、事件現場となった交差点を見通す形で、路地沿いの約50メートルの区間が映っている。結論から言うと、銃撃の場面そのものは交差点の南東角にある料理店の陰になって見えないが、現場に居合わせた通行人たちが交差点から路地に逃げ込んでくる様子や、銃撃を終えた犯行グループが交差点から路地に走り込んでくる場面、犯行グループが2台の車に乗って走り去るシーンなどが映っている。

▽動画0〜9秒……画面右上に「2019—12—04」と録画日の表示がある。事件現場の交差点（画面左上）近くの路肩には、待ち伏せ班が止めた車（白い乗用車）や黄色いタクシーが停車している。

▽動画10〜19秒……事件現場の交差点（画面左上）から路地の奥（画面右下）に向かって、一般の通行人たちが頭をかがめて走ってくる。通行人は民族服を着た成人男性やスカ

①最初に出てきた5人が、待ち伏せ班が止めていた車に乗り込む

②白いカローラ（中央）が、待ち伏せ班の車（左上）を追い越す形で進む

ーフを被った少女など少なくとも11人おり、交差点の方を振り返りながら駆ける。通行人の一部は、路地沿いの建物の陰に隠れる。

▽動画20〜29秒……事件現場の交差点（画面左上）から、銃撃を終えた犯行グループとみられる男7人が、ぞろぞろと早足に出てくる。画像が粗いため背格好ははっきりしないが、7人のうち最初に出てきた5人は、白っぽい民族服に黒っぽいベストを羽織っているように見える。遅れて出てきた2人は、全身黒っぽい服を着ていて、一方が他方の腕を引っ張り、事件現場から離れるよう促しているように見える。

▽動画30〜38秒……事件現場の交差点（画面左上）から路地の方に、もう1台の犯行車両である白いカローラが出てくる。年式がやや古く、バンパーが外れて地面すれすれのところまで落ちている。中村医師の四駆の前に割り込んだ際、バンパーが接触したためとみられる。遅れて出てきた2人が、白いカローラに乗り込む。白いカ

③白いカローラが路地の奥まで進み、大写しになる。バンパーが外れている

④待ち伏せ班の車が路地の奥まで進み、大写しになる＝いずれもエニカスTV提供

ローラには、既に2人が座っているように見えるので、計4人は乗っていそうだ。

▽動画39～48秒……最初に出てきた5人が、待ち伏せ班が止めていた車に歩み寄り（写真①）、運転席のドアから1人、助手席のドアから1人、左後ろのドアから2人、右後ろのドアから1人と、順に乗り込む。その間に白いカローラが、待ち伏せ班の車を追い越す形で、路地の奥（画面右下）へと進む（写真②）。待ち伏せ班の車は、急いでいるせいか、右後ろのドアが閉まり切っていない段階で発進する。

▽動画49～60秒……白いカローラが路地の奥（画面右下）まで進み、大写しになる（写真③）。フロントガラスのスモークが濃く、誰が乗っているのかは見えない。画像が粗いため、ナンバープレートは読めない。

▽動画61秒以降……白いカローラから10メートルほど遅れて、待ち伏せ班の車が路地の奥まで進み、大写しになる（写真④）。こちらもフロントガラスのスモークが

濃く、誰が乗っているのかは見えない。画像が粗いため、ナンバープレートは読めない。年式がやや新しい、白色のトヨタ車で、サンルーフが付いている。

防犯カメラが捉えた映像と、クナーリの証言に矛盾はなかった。情報を確かめるため、近くの雑貨店主ら2人からも目撃証言を得た。2人は20メートルほど離れたところにいて、中村医師が撃たれた場面は見ていなかったが、進路の妨害や逃走シーンはクナーリとほぼ同じ証言だった。こうした確認作業を経て、私はクナーリの証言に一定の信ぴょう性があると判断した。

◉犯行グループは9人前後

時系列で全体の流れをおさらいすると、中村医師は出勤ルート上で犯行グループに待ち伏せされ、白いカローラに進路をふさがれ、一斉銃撃を受けた後、病院で手当てを受けたが出血が止まらず、息を引き取った。犯行グループは民族服を着た様々な年代の男たちで、人数は9人前後（待ち伏せ班の車で逃げた5人+白いカローラで逃げた4人前後）だった。凶器は自動小銃とピストルで、2台の犯行車両を使っていた。一部はアフガニスタンとパキスタンの国境部に話者が多いパシュトゥー語を話していた。

これらの情報を精査するのに、事件発生から半年近くを要した。襲撃時の様子は分かってきたが、誰が中村医師を殺害したのか、犯人像は謎に包まれたままだった。目撃者や当局者への取材も行き詰まってきた。安全圏にいてできる取材の選択肢は多くなかった。突破口を見いだそうと、私は助手たちと相談し、これまで関わりを最小限に抑えてきた危険エリアに取材の網を広げることにした。まずはエリアの事情通に中村医師の事件の話を振り、探りを入れてもらうことにした。そのエリアは、中央政府の統治が及びにくい、アフガニスタンとパキスタンの境目にある部族地域（通称「トライバルエリア」）。20以上の武装勢力が潜伏し、「テロの温床」と呼ばれてきたエリアに、取材の焦点は移っていく。

アフガニスタンとパキスタンの国境事情　南北約2600キロにわたる国境線を境に、西にアフガニスタン、東にパキスタンが位置する。国境線をまたぐ形で、同じ言語パシュトゥー語を話すパシュトゥン人が暮らしており、人々は国境の検問所を通って物資を運んできた。国境地帯のほとんどは険しい山に覆われており、監視の目が届きにくい。検問所以外にも国境を越える抜け道は多い。こうしたことから国境地帯には20以上の武装勢力が潜伏し、国境を行き来しているといわれている。

第2章◉山奥に潜伏する男

2021年1月15日（金）午後1時過ぎ、スマートフォンの通話アプリにメッセージが届いた。

「ドクター・ナカムラを殺してしまったと話している男がいる」

アフガニスタンの情報提供者から送られてきたメッセージを、助手が英訳したものだった。

事件発生から1年あまり。私は中村医師に銃口を向けた犯人をあぶり出すため、アフガニスタンにいる助手ら4人とともに取材を続けていた。最も神経を使ったのは、取材における安全の確保だった。ちまたに銃があふれるアフガニスタンで犯人を捜すことは、自分だけでなく助手やその家族を危険にさらすことでもあった。特に中央政府の目が届かない、アフガニスタンとパキスタンの境目にある部族地域はリスクが高かった。少しずつ人脈をたぐり、情報を集めてきた。

この間、様々な臆測が浮かんでは消えた。政敵を追い落とすために、話をねじ曲げる政治家がいた。謝礼を期待してか、思わせぶりに話す警察官もいた。疑わしい人物を名指しするのだが、いずれも確証がなかった。また聞きのうわさが多く、犯人から直接話を聞いた者はいなかった。ところが、今回はまた聞きではなかった。情報提供者は、犯人から直接、「殺してしまった」という証言を得たというのだ。

◉国境地帯から寄せられた情報

情報提供者とは4年来の付き合いがあった。別の暗殺事件の取材で2016年に知り合い、連絡を取るようになった。情報提供者自身、アフガニスタンの隣国パキスタンのイスラム武装勢力「パキスタン・タリバン運動」（TPP）の一員であったため、武装勢力の派閥争いや人事に詳しかった。

情報提供者は普段、パキスタンと国境を接するアフガニスタンの山奥に潜伏していた。

パキスタン・タリバン運動（TTP） パキスタン北西部を拠点に2007年に発足したイスラム武装勢力。厳格なイスラム法による統治を目指し、パキスタン政府打倒を掲げて、政府施設や大学などに攻撃を仕掛けている。女子教育にも反対し、2012年には女子学生マララ・ユスフザイさん（後にノーベル平和賞受賞）を銃撃した。TTPメンバーの多くは、2014年から始まったパキスタン当局の掃討作戦の影響でパキスタンから逃れ、国境を越えたアフガニスタン側で潜伏している。米国務省はTTPの勢力を3000～5000人規模と推定。主な資金源は、誘拐や恐喝などの犯罪収益とされる。アフガニスタン政府打倒を掲げて、アフガニスタンで戦ってきたタリバンと混同されることがあるが、両者は別の組織。

TTP戦闘員＝2021年4月のTTP広報機関の映像から

電波がつながる場所にいる時間は限られていた。交信が途絶える前に、より詳しく話を聞くことにした。

私が助手を通じて最初に尋ねたのは、「殺してしまった」と話している男は、いったい何者なのかということだ。情報提供者によると、男の名前は「アミール・ナワズ・メスード」。パキスタン北西部カイバル・パクトゥンクワ州にある南ワジリスタン地区ラダ出身の、中年のパキスタン人だという。情報提供者と同じＴＴＰのメンバーで、今はアフガニスタン東部クナール州の山奥に潜伏している。クナール州は、中村医師が殺害されたナンガルハル州の北隣に位置している。

男の名前の最後に「メスード」が付いているのは、数ある部族の中でも、とりわけ保守的で、武闘派として特別視されてきたメスー

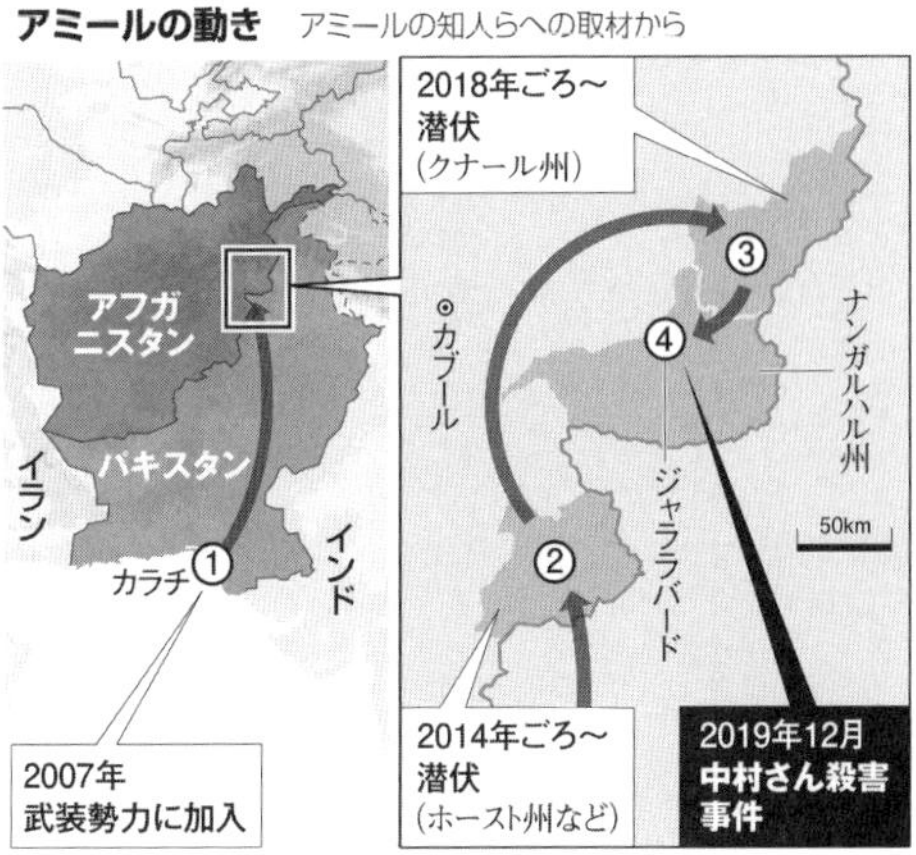

アミールの動き　アミールの知人らへの取材から

ド族の一員である証しだ。ＴＴＰはメスード族を中心に組織されている。

◉強盗や誘拐のエキスパート

質問を続けると、さらに細かい情報が出てきた。情報提供者によると、アミールはＴＴＰが設立された２００７年当時からの古株のメンバーで、当初はパキスタン南部の商都カラチを拠点に銀行強盗や恐喝でしのいでいた。２０１１年にスイス人カップルを誘拐する事件を起こし、組織内で一目置かれる存在になったという。ＴＴＰ執行部は当時、アミールが誘拐したカップルを利用し、「スイス人カップルを解放してほしいなら、収監されているＴＴＰメンバーらを釈放せよ」などとパキスタン当局を脅すビデオ声明を流して、力を誇示した。

ＴＴＰは設立以来、厳格なイスラム法に基づく統治を目指し、「聖戦」と称して政府機関や大学などに大規模なテロを仕掛け、治安混迷の最大の要因となってきた。情報提供者によると、パキスタン当局がＴＴＰの掃討作戦を本格化させた２０１４年ごろ、アミールは他の構成員とともにパキスタンから国境を越えてアフガニスタン側に逃れた。しばらくはアフガニスタン南東部のホースト州やパクティカ州で過ごしていたが、仲間ともめ事を起こし、山深いアフガニスタン東部クナール州に２０１８年ごろ引っ越した。

アミールは、クナール州の山あいの村に隠れ家を作った。ピストルを腰に下げ、常時２、３人の護衛を付けていたという。「羽振りがよかったのは、地元の有力者を誘拐して身代金を得ていたからだ」と、情報提供者は振り返った。アミールの素行の悪さは、ＴＴＰ内でも有名だった。厄介者として扱われるようになり、破門を求める声も上がった。ただ、アミールが山奥に離れて暮らしていることもあり、ＴＴＰ執行部は除名には踏み切らなかったという。

アミールの容姿を尋ねると、１枚の写真が送られてきた。写真には、白い民族服シャルワルカミーズを着たアミールが、赤い敷物の上であぐらをかき、食事を始めようとする様子が写っていた。みけんにしわを寄せ、口を固く閉じていた。あごには長くて黒いひげを蓄えていた。口元のひげの形に特徴があった。下唇のすぐ下に生えているひげのうち、中央部のひげはあご先にかけて縦に残す一方、左右のひげはそり落としていた。張り出したほお骨や、大きな鼻、耳、屈強な腕も特徴的だった。

◉「共犯者が撃った」

そんなアミールは事件後、隠れ家を訪ねた情報提供者に対し、中村医師殺害事件を起こしたのは自分だと打ち明け、「殺すつもりはなかった」と話したという。いったい、どういうことなのか。私は助手に通訳してもらいながら、情報提供者と次のようにやりとりした。

——アミールとは、よく連絡を取るのか？

「数日前に会ったばかりだ」

——どんな話を？

「アミールは表情を曇らせて、ドクター・ナカムラを殺すつもりはなかったと言っていた。身代金目的で誘拐するつもりだったが、パキスタンから来た共犯者が撃ってしまったと説明していた」

——共犯者とは？

「パキスタンの（トライバルエリアにある）南ワジリスタン地区出身の男だ。アミールがパキスタンにいるころからの仲間で、今回はドクター・ナカムラをターゲットにしようと誘ってきたらしい」

——共犯者が犯行を持ちかけたと？

「アミールが言うには、共犯者は事件の2カ月近く前からアフガニスタンに来ていた。アフガニスタンに来て下調べをし、犯行計画を練っていた。共犯者から犯行計画を示されたアミールは、分け前をもらう約束をし、『よし、誘拐しよう』と応じたそうだ。共犯者のことを信じ切っていた。ところが、誘拐当日、共犯者は計画外の銃撃を加え、殺してしまった」

——それで、アミールは？

「激怒した。アミールは事件後、共犯者に怒りをぶつけた。その様子を録画した動画をアミールに見せてもらったことがある。アミールは動画の中で、共犯者に『なぜ撃った！』『殺すなんて聞いていなかったぞ！』と怒鳴っていた」

——その動画はどこに？

「自分は持っていない。アミールが携帯電話に保存している。アミールは共犯者がパキスタンに逃げ帰った後も、共犯者に電話を掛けて怒りをぶちまけたことがある。『俺はお前から何も聞かされていなかった！』『お前のせいでアフガニスタンに残っている俺に、捜

中村哲さん殺害事件の構図
アミールの知人らへの取材から

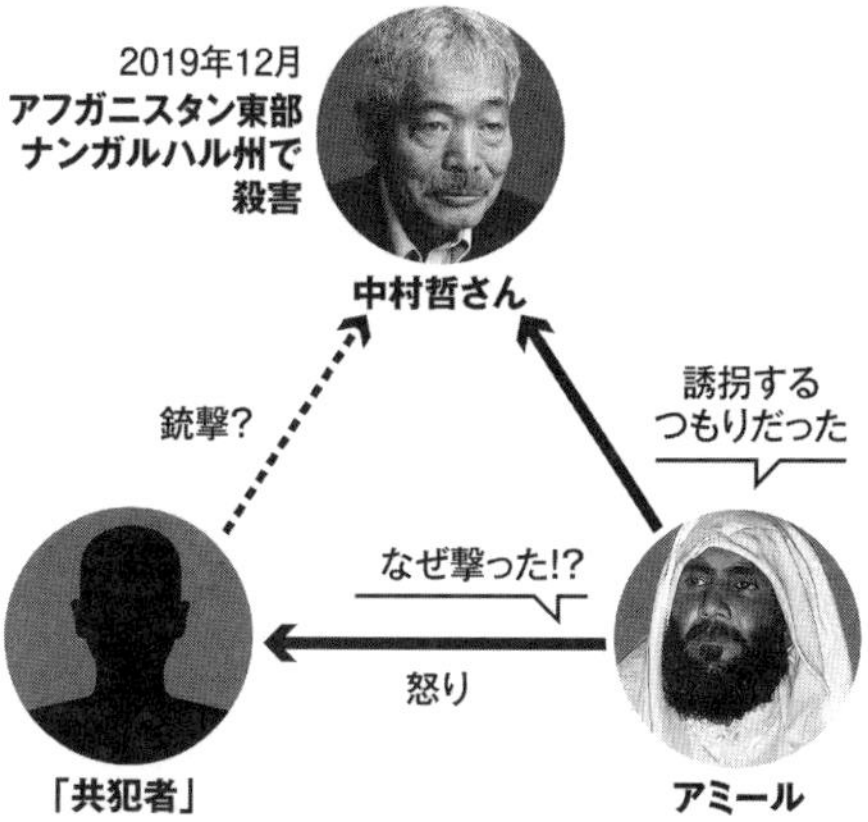

査が集中する羽目になったじゃないか！』と怒り狂っていた。その時、自分はアミールのすぐ横で、二人のやりとりを聞いていた」

その後も私と助手は、質問の仕方を変えながら、情報提供者の答えにブレがないかを確認した。情報提供者の場面の描写は具体的で矛盾がなく、迫真性に富んでいた。作り話ではないように感じた。仮に、情報提供者の証言が正しかったとすると、誘拐するつもりだったアミールと、殺害するつもりだった「共犯者」との間で、犯行動機に食い違いがあったことになる。もっと言えば、中村医師の事業地を含む一帯に土地勘があり、誘拐を得意とするアミールを、「共犯者」が利用した可能性を示唆している。情報提供者の証言は、どれほど確からしいのか。私たちは、その信用度を確かめる作業に取りかかった。

◉2016年に会っていた

中村医師の殺害事件を追う取材は、「犯人から直接話を聞いた」と語る情報提供者の登場によって、新たな展開を迎えた。情報提供者は、次のように話した。

▽犯人の名前は「アミール・ナワズ・メスード」。
▽中年のパキスタン人だが、いまは国境を越えて、アフガニスタン東部クナール州の隠れ家に潜伏している。
▽マララさんを銃撃したことで知られる、パキスタンのイスラム武装勢力TTPに属する。
▽中村医師を誘拐するつもりだったが、「共犯者が撃ってしまった」と話している。

これが本当なら、真相解明の突破口となり得る証言だ。証言を確かめるにあたって、まず必要なのは、アミールが実在するかどうかの確認だったが、これには確証があった。朝日新聞と連携して武装勢力の動向を調べてきた取材協力者が、2016年夏に偶然、アミ

アフガニスタンに潜伏するアミール＝2016年、取材協力者提供（画像の一部を加工）

ールに会っていたのだ。私は２０１６年当時のメモや写真を見直しながら、取材協力者にアミールと会った時の状況を振り返ってもらった。

取材協力者によると、アミールと会った場所は、アフガニスタン南東部にあるＴＴＰの拠点だった。拠点近くではＴＴＰのメンバーたちが自動小銃や防弾チョッキの手入れをしていた。パキスタン側に出撃する前で、どこから仕入れたのか、パキスタン軍の迷彩服を着ているメンバーもいた。迷彩服を着たメンバーは、パキスタン軍の施設を襲う場合、迷彩服で兵士になりすました方が、施設に近づきやすいと説明していたという。

そんな拠点に、アミールは運転手付きの白い乗用車に乗って現れた。腰にピストルを下げ、秘書や護衛を連れていた。アミールは取材協力者と出身地が近いと知り、取材協力者を白い土塀の建物に招き入れ、あぐらをかいて雑談を始めたという。その際、取材協力者が撮った写真には、黒いひげをたくわえたアミールが、クッションにもたれてくつろぐ様子が写っていた。仕立てのいい白い民族服をはおり、白いスカーフを頭にかけていた。

◉犯罪歴を自慢げに語る

取材協力者によると、がっしりした体格のアミールは、太い声で自慢げに、過去に数々の事件を起こしたと話した。なかでも、2007年のパキスタンでの事件は忘れられないと語ったという。その事件とは、パキスタンのベナジル・ブット元首相の暗殺未遂事件だった。パキスタン南部カラチで2007年10月、ブット元首相を狙った自爆テロがあり、約140人が犠牲になったが、防弾車の中にいたブット元首相は無事だった。アミールは取材協力者に対し、生き延びたブット元首相をパキスタン南部ラルカナで暗殺するミッションをTTP執行部から課せられたが、「ラルカナに行く途中の高速料金所でパキスタン当局に拘束され、暗殺は未遂に終わった」と説明したという。

私は、取材協力者から聞いた話を確かめるため、ブット元首相の暗殺未遂事件の公式記録が残っていないかを調べた。すると、この事件に関する長文の捜査報告書が存在することが分かった。治安当局者から入手した捜査報告書には、アミールが少なくとも5人の仲間を従え、実行犯に資金を渡したり、宿の手配を命じたりして暗殺準備を進めていた様子が、複数の容疑者の供述とともに記録されていた。捜査報告書の犯罪歴の欄には、アミールが銀行強盗で得た資金を、ＴＴＰ最高指導者のベトゥラ・メスード司令官に上納したとの記載もあった。記載を目にした私は、アミールが実在することは間違いなさそうだと考えた。

さらに情報を検証するため、アミールの近況を知る人物がいないか探した。武装勢力内の人脈をたどると、アフガニスタン南東部ホースト州に1人、アミールとよく電話しているＴＴＰメンバーが見つかった。ＴＴＰメンバーは匿名を条件に、２０２１年1月20日以降、断続的に取材に応じた。取材は携帯電話の通話アプリを使い、助手に通訳をお願いした。

ＴＴＰメンバーによると、アミールは事件後、動揺した声で「ナカムラを誘拐しようとしたが、共犯者が撃ってしまった」と電話してきた。「共犯者」については、「パキスタンから来た男」と説明したという。これは最初の情報提供者と矛盾しない内容だった。

このＴＴＰメンバーからは、アミールの「余罪」についても聞くことができた。ＴＴＰメンバーによると、アミールは２０１８年12月、別の誘拐事件を起こしたと周囲に吹聴していたという。アミールが語ったところによると、アフガニスタン東部ナンガルハル州のテレビ局「エニカスTV」のオーナー、ザルマイ・ラティフィの車を襲い、運転手を殺害した後、オーナーを誘拐した。約5カ月後、巨額の身代金を受け取り、オーナーを解放したという。

私は、海外に引っ越したオーナーの代わりにエニカスTVの幹部に連絡を取り、誘拐が事実かを確かめた。幹部によると、オーナーは2018年12月4日夕、運転手付きの車で帰宅中、ナンガルハル州の州都ジャララバード北部の市街地にある雑貨屋に立ち寄った。運転手が買い物に行き、オーナーが車内で待っていたところ、白いカローラが横に止まり、ピストルを持った男4~5人が降りてきた。買い物から戻った運転手は頭を撃たれて即死。オーナーは男たちに連れ去られ、近くの民家に数カ月間監禁された。オーナーの親族2人が身代金35万ドル（約4000万円）を用意し、男たちの指示に従って北隣のクナール州まで届けたことで、オーナーは解放されたという。

◉中村医師事件との共通点

私は、オーナー誘拐と中村医師殺害の両事件に、共通点があることに気づいた。オーナー誘拐が起きたのは2018年12月4日で、場所はジャララバード北部の市街地、犯行車両は白いカローラだった。一方、中村医師殺害が起きたのは1年後の同じ日で、場所は同じ市街地、犯行車両は白いカローラだった。これが偶然の一致かは分からないが、アミールがTTPメンバーに語ったオーナー誘拐は、実際にあったと考えて良さそうだ。

TTPメンバーからは、アミールの家族構成も聞いた。アミールはクナール州に引っ越した際、第一夫人とその息子らをパキスタンに返したが、第二夫人とその娘1人はクナール州に残した。アミールはこのメンバーに対し、誘拐や恐喝で得た金の多くをパキスタンの息子に送り、広い農地を買ったと話していたという。またアミールは、手元の資金が減ると、人や車を雇って誘拐や襲撃を企てることがあったという。企てたと言っても、ほとんどはアミール自身が考えたものではなく、頼まれた仕事が多かったと、TTPメンバーは振り返った。「実際のところ、アミールが事件を起こす動機は、カネでしかない。アミールはカネのために悪事を働いてきたんだ」。TTPメンバーは突き放すように言った。TTPメンバーはアミールの一味と疑われて収監されたことがあるといい、アミールの振る舞いをよく思っていなかった。それが今回、取材に応じた理由のようだった。

アミールの暮らしぶりは派手だった。いつも上質な服を着て、右手に高価な腕時計をはめ、車を2、3台借りているアミールは、周囲から「ハジ・ドバイ」のあだ名で呼ばれていたという。「ハジ」はメッカ巡礼を果たした者への敬称。「ドバイ」は、林立する高層ビルや巨大ショッピングモールで知られる中東・アラブ首長国連邦の金融・商業の中心地だ。金回りの良さからアミールにつけられたあだ名だという。

「ハジ・ドバイ」と聞き、私はハッとした。その名に聞き覚えがあったからだ。急いで取材ノートをめくった。やはりあった。約5カ月半前の2020年8月9日付の走り書き。「ハジ・ドバイ　ターゲテッドキリング（標的の殺害）・誘拐」。アフガニスタンの捜査関係者が、中村医師殺害の犯人像についてほのめかした際、私が急いでメモしたものだ。この捜査関係者は、アフガニスタンの情報機関「国家保安局」（NDS）の捜査に関わる一人として、事件を調べていた。ついに話がつながった。私と助手は、再び捜査関係者に接触した。

◉突き止めた山中の隠れ家

再会した捜査関係者の男性は、事件発生から1年以上たった2021年1月の時点でも、犯行グループの中心人物と目される男「ハジ・ドバイ」の動向を追っていた。彼は「ハジ・ドバイ」の素性を、次のように説明した。

▽「ハジ・ドバイ」はあだ名で、本名はアミール・ナワズ・メスード。
▽パキスタンの南ワジリスタン地区出身のパキスタン人。
▽過去にはパキスタンの南部カラチなどで誘拐事件を起こした。

捜査関係者が示した「隠れ家」付近の山の景色

▽パキスタン当局の掃討作戦でアフガニスタン側に逃げ、しばらくアフガニスタン南東部ホースト州に潜伏。
▽その後、アフガニスタン東部クナール州へと移り住んだ。
▽アフガニスタンとパキスタン両方の偽造IDを持っている。

これまでの取材でTTPのメンバー2人が語った内容と一致していた。捜査関係者の男性は、アミールの人脈も調べ上げていた。アフガニスタン南部カンダハルが本拠の反政府武装勢力タリバンの地方幹部や、その関連勢力で米国関連施設にテロを仕掛けてきた武装勢力「ハッカーニ派」の中枢幹部、過激派組織「イスラム国」（IS）の支部組織などの名前を挙げ、こうした組織の汚れ仕事を請け負ってきたのがアミールだと指摘した。

彼は取材の中で、クナール州で撮影したという数枚の写真を示した。写真には、乾燥した山々に囲まれた小さな農村が写っていた。農村には小麦の段々畑が広がり、その所々に石積みの家が立っていた。大半は窓や玄関が外からのぞける簡素な造りだったが、1カ所、塀で囲われた区画があった。塀の中は見えないが、塀の上には建物の屋根がのぞいていた。彼は、その区画を指さしながら、「アミールの隠れ家だ」と言った。昼夜問わず、護衛が見回りをしているため、近づくのは容易でないという。

隠れ家まで分かっているのか……。私は情報機関の捜査力に驚きつつ、話を聞くうちに疑問も持った。隠れ家が分かっているのに、なぜ情報機関はアミールを放っておいたのだろう。彼は、意外な答えを持っていた。「逮捕しようとしたが、逃げられたんだ」。実は、情報機関は事件後、殺害に関わった疑いで地元の男1人を逮捕していた。その男は隠れ家近くに住んでいて、取り調べに「ドクター・ナカムラを殺したのは、アミールのグループ」「自分は運転手として雇われただけだ」と供述したという。この供述をもとに、情報機関は2020年6月下旬、アミールの隠れ家の家宅捜索に踏み切った。しかし、隠れ家に入る前に護衛に気づかれ、激しい銃撃戦となった。護衛数人を射殺したが、その間にアミールを取り逃がしたという。

家宅捜索に失敗したことは、彼のほかにアフガニスタンの当局者2人が取材で認めた。

事件発生当初から捜査に関わってきた2人は、取材に対し、▽アミールが容疑者として浮上したこと▽クナール州にある隠れ家を特定したこと▽隠れ家に踏み込もうとしたが失敗したこと――を認めた。うち1人は、アミールのほかにも共犯者がいると明かし、「パキスタンに逃げられてしまい、なかなか逮捕が難しい」と語った。ただ、捜査は続いていて、「全員を捕まえたと発表できる日が来るはずだ」と諦めない姿勢も強調した。

当局者への裏付け取材で、情報の確度は、より高まった。2021年1月15日に端緒となる情報を得てから、すでに2週間半が過ぎていた。アミールの隠れ家がある村の名前も突き止めた。あとはアミール本人にどうアプローチするか。2月2日、私は助手たちと相談し、アミールへの直撃取材に向けて準備を始めた。

第3章◉当局が隠した失態

2021年2月5日深夜、枕元に置いていた携帯電話の画面が明るくなった。メッセージが届いたサインだ。アフガニスタンの情報提供者が、助手を通じて連絡してきた。メッセージは短かった。

「アミールが死んだ」

目を疑った。中村医師殺害の容疑者とされる男アミール・ナワズ・メスードが、突然死んだというのだ。いったい何があったのか。

◉大の字に倒れた遺体

メッセージには、写真が添えられていた。ピストルと手榴弾を持った体格のいい男が、頭から血を流し、大の字に倒れている様子が写っていた。遺体のほお骨の張りや鼻の高さは、アミールに似ていた。下唇のすぐ下に生えたひげのうち、中央部だけを残し、左右をそるスタイルも同じだった。

メッセージを送ってきたのは、アミールと同じイスラム武装勢力「パキスタン・タリバン運動」(TTP)のメンバーで、第2章にも登場したアミールの知人だった。助手を介して詳しい経緯を聞き取った。アミールは1週間前に仲間数人と、アフガニスタンの首都カブール東部の住宅街で地元の有力者を襲撃した際、警備員に反撃され、射殺されたのだという。仲間1人も負傷し、逮捕された。残った仲間数人がクナール州の隠れ家に逃げ帰り、家族やTTP執行部に事の顚末《てんまつ》を報告したという。

2月6日の昼には、別のTTPメンバーからも「アミール死亡」の連絡が来た。メンバーは「事件前日にアミールに会ったばかりだった」と語った。その際、「アミールはカブールに行くと言って、仲間と一緒に出発した。武装していたが、何をしに行くのかは言わなかった」という。

アフガニスタン内務省に電話すると、確かに1週間前の1月29日、カブール東部の警察管轄区域12（PD12）にあるアフマド・シャー・ババ・ミナ地区で、男数人による襲撃事件が起きていた。内務省の報道官は「男少なくとも2人からなる犯行グループが事件を起こし、うち1人は死亡した。遺体の所持品からパキスタンのIDカードが見つかった」と話した。

襲撃現場近くの住民に話を聞くと、遺体の写真を持っている住民がいた。写真にはアミールらしき遺体が映っていた。血を流して仰向けに倒れた遺体のそばには、ピストルと手榴弾が置かれていた。最初に送られてきた写真のピストルや手榴弾と同じ形だった。

遺体はパキスタン人と判断され、カブールの安置所に運ばれた。安置所の状況を知る外交筋によると、アフガニスタン当局は当初、現地のパキスタン大使館に連絡し、遺体を引き取るよう求めたという。しかし、翌日になるとアフガニスタン当局は、遺体に「身元不

TTP最高指導者のムフティ・ヌール・ワリ・メスード＝2019年4月、TTP幹部提供

明」の名札を付け、引き渡しの手続きを止めた。この時点でアフガニスタン当局は、遺体が重大事件の容疑者であることに気づき、引き渡しを止めた可能性がある。

アミールの死亡は、アフガニスタン南東部に潜伏するＴＴＰ執行部にも伝わった。執行部の判断は揺れた。「執行部はアミールの遺体を引き取るべきか否か悩んでいる。アミールが（中村医師の）殺害に関与していたと知って頭を抱えている」。判断を知る立場にあるＴＴＰ幹部は、２月６日の取材に語った。

ＴＴＰとしては、中村医師の殺害はアミールが勝手にやったことであり、組織が責任を負わされる事態は避けたいという考えだった。

ただ、ＴＴＰ構成員であるアミールの遺体を放置することは、他の構成員の士気を下げかねない問題でもあった。ＴＴＰ最高指導者のムフティ・ヌール・ワリ・メスード司令官は2月7日、部下に対して「遺体の引き取りに向けてアフガニスタン当局と交渉するように」と命じた。

◉アミールの最期

アミールは何をたくらみ、どのように息絶えたのか。より詳しく調べることで、中村医師の殺害事件との共通点や解明のヒントを見出せるかもしれないと私は考えた。

襲撃の状況を教えてくれたのは、アミールに襲われた当人である、有力者の男性だった。有力者は公的機関の幹部で、私が何度かやり取りしたことのある高官の知り合いだった。高官を通じて取材を申し込み、2度断られたが、3度目に「匿名なら」と応じてくれた。有力者は再び命を狙われるのではないかとおびえ、自宅以外の場所で暮らしていた。カーテンを閉め切った部屋で、「自分の名前と居場所は公表しないでほしい」と前置きし、英語で質問に答えた。インタビューは2時間12分にわたった。

——襲撃があった日は何をしていましたか？

「自宅にいました。その日の夜、自宅には客人が来ることになっていました。『(客人が来る前に)散髪してきたら?』と妻に言われたので、(カブール東部の住宅街にある)行きつけの床屋に行くことにしました。午後4〜5時くらいでした。運転手に『床屋に行くぞ』と伝え、政府からあてがわれている緑色のレンジャー（後ろが荷台になっているピックアップトラック）に乗りました。警備員2人が荷台に乗りました。レンジャーの窓ガラスには黒いスモークが貼ってあって、誰が乗っているかは外から見えないようになっています。床屋の前まで行き、通りにレンジャーを止めました。通りの向かい側には電気屋があり、警備員の1人が『電気コードを買いたい』と言うので、買いに行かせました。運転手も一緒に付いていきました。警備が手薄になるので、その警備員が戻ってくるまではレンジャーから出ず、中で座って待つことにしました。もう1人の警備員は、レンジャーの外で銃を構え、周囲を見張っていました。その時に異変が起きました」

——どんな異変ですか？

「警備員と一緒に買い物にいった運転手から電話が来ました。運転手は『警戒してください。危険な男がいます』と伝えてきました。通りの方を見て、その意味を理解しました。買い物に行ったはずの警備員が、通りでピストルを持った男に押さえ込まれていたのです。しかも警備員は、口の中にピストルの銃口を押し込まれた状態でした」

——ピストルを持った男は、どんな風貌でしたか？

「背が高く、屈強な体つきをしていました。黒い民族服の上に、茶色い上着を羽織っていました。帽子やターバンはかぶっておらず、前髪が薄い男でした。この男が誰なのか、その時は見当も付きませんでしたが、後にアフガニスタン情報機関（国家保安局、通称NDS）からアミールだと聞かされました」

――アミールの他にも男がいましたか？

「いました。アミールが警備員を押さえ込んだのと同時に、アミールの仲間の男が白いカローラに乗って現れ、こちら（レンジャー）に向かって銃撃を始めたのです。私を誘拐するか、殺すつもりだろうと思いました。私は身をかがめながら、もう1人の警備員に『反撃しろ！』と命じました。その反撃がうまくいきました。2、3発の弾がアミールに命中し、カローラからの銃撃も止まりました」

◉死に際の取っ組み合い

――アミールは死亡したのですか？

「驚くべきことに、アミールは倒れませんでした。怒り狂い、わめき、立ったまま腰に手を伸ばしました。アミールは腰のベルトのあたりに手榴弾を二つ忍ばせていたのです。手榴弾のピンを引き、爆発させようとしていました。それを阻止するために、私や運転手はアミールに飛びつき、取っ組み合いになりました。アミールは、ものすごいパワーで抵抗しました。警備員が後頭部を撃ち抜き、やっとアミールは倒れました。頭から血を流して

アミールが持っていたとされるピストルと手榴弾＝関係者提供

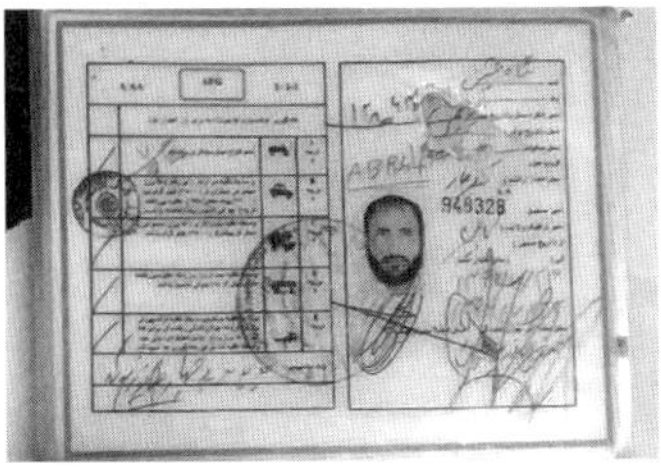

偽造とみられる運転免許証＝関係者提供

死にました。周りを見ると、人だかりが出来ていました」

——アミールは何か言っていませんでしたか？

「パシュトゥー語で怒鳴っていましたが、こちらも気が動転していたので、よく覚えていません。取っ組み合いの最中は、口汚くののしる暴言を吐いていました。『スパイズヤ（くそ野郎）』などの暴言です」

——その後、アフガニスタン情報機関に事件のことを報告したのですね？

「そうです。自宅に帰ってから、アフガニスタン情報機関のチーフと電話で話をしました。男の名前はアミールで、ドクター・ナカムラ殺害の容疑者としてマークしてきた人物だと、教えられました」

——なぜアミールはあなたを狙ったのでしょうか？

「全く分かりません。それまでアミールの名前も、存在も、知りませんでした。ただ、アフガニスタンでは公的な立場にある人間は全員が標的になりえます。自爆テロ、仕掛け爆弾、襲撃は日常です。いつかアミールの一味が、報復に来るのではないかと心配しています」

有力者は、事件直後に携帯電話で撮ったという写真を見せてくれた。暗がりの中で仰向けに転がったアミールらしき遺体や所持品が写っていた。遺体の目は半開きで、肌つやが良く、今にもむくっと起き上がりそうな雰囲気を漂わせていた。遺体のポケットの中には、若い頃の顔写真が付いたパキスタンの学生証や、前髪が薄くなってからの顔写真が付いたアフガニスタンの運転免許証があった。運転免許証はラミネート加工された白いカードで、「所有者　シャー・フセイン」「父の名前　イブラヒム」「住所　ナンガルハル州」「血液型　ＡＢＲｈ（＋）」「発行　２０１７年10月15日」「有効期限　２０２０年10月14日」「発行地　カブール」などと書かれていた。一部の書式が不自然なことから、この運転免許証はアミールが偽名を使って偽造したものだと内務省は判断した。

私は有力者の証言を聞きながら、撃たれても観念せず、息絶えるまで人を殺そうとしたアミールの壮絶な死に際を思い浮かべた。手榴弾が爆発していたら、どれだけ多くの人が亡くなっていたか分からない。何のためらいもなく人を襲い、傷つけることを生業《なりわい》としてきた男の銃口が、１年２カ月前には東部ジャララバードで、中村医師に向けられていたのだ。

犯行スタイルは、過去の事件とよく似ていた。ターゲットが車に乗り、警備に隙が生まれた時に、白いカローラで不意打ち的に銃撃を加える手法だ。今回の襲撃では、有力者が車に乗っていて、警備員が買い物に出た時に、白いカローラを横付けして銃撃した。エニカスTVのオーナー誘拐では、オーナーが車に乗っていて、運転手が買い物に出た時に、白いカローラで乗り付けて誘拐した。そして中村医師殺害では、中村医師が車に乗っていて、路面の凸凹で警備が難しくなった時に、白いカローラで道をふさいで銃撃した。

有力者の証言の中で、もう一つ気になったことがあった。それは、アフガニスタン情報機関が極めて早い段階で、遺体がアミールだと気づいていたことだ。有力者によると、アフガニスタン情報機関の幹部は、通話アプリでアミールの画像を複数枚送ってきて、遺体の男と同じかどうか尋ねたという。それらの画像は、応接室のソファで缶ジュースを飲むアミールや、丘陵地に立って知人と握手するアミールの姿を捉えたもので、有力者は「同じ男だ」と答えた。

銃撃戦や自爆テロなどが1日に平均70件起き、事件処理が追いつかないような状況下で、なぜこんなに速く、1年2カ月前の中村医師殺害と今回の有力者襲撃との関連に気づけたのか。アフガニスタン情報機関がアミールに特別な関心を寄せ、動向を追い続けていたことは間違いない。

◉浮かぶ疑問　逮捕できたのでは？

こうした経緯が明らかになるにつれて、私はアフガニスタン情報機関の捜査に、深い疑念を覚えるようになった。アフガニスタン情報機関は、アミールを容疑者と特定し、隠れ家を割り出していたのに、なぜ逮捕も聴取もしなかったのか。いくらアミールの守りが堅いとはいえ、護衛はせいぜい数人から十数人に過ぎず、最新鋭の武器を持つアフガニスタン情報機関がその気になれば、いつでも逮捕できたはずだ。しかも、アミールは隠れ家にこもっていたわけではなく、外を出歩いていた。中村医師の事件後も、町で襲撃事件を起こしていた。アフガニスタン情報機関がアミールの行動を確認していれば、逮捕の機会はあっただろう。

さらに不可解だったのは、死亡から1週間たっても、2週間たっても、アフガニスタン当局がコメントを出さなかったことだ。情報機関も内務省も取材に応じず、TTPや家族に遺体を引き渡すこともなかった。

たとえ当局が口をつぐんでも、取材を尽くし、記録を残す必要性は揺るがない。私はアミールが死亡するに至った経緯を記事化することにした。2月10日付の朝日新聞朝刊1面に続き、デジタル版で「中村哲さん殺害、捜査当局が主犯格を特定　死亡の可能性」と報じた。

記事の概要は、その日のうちに英訳され、現地のジャーナリストの間で出回った。同日午後、アフガニスタンの地元テレビ「カブール・ニュース」は、独自に入手したアミールの生前の写真とともに、「ドクター・ナカムラ殺害事件の容疑者が死亡した」と伝えた。パキスタンの地元紙「デイリー・タイムズ」も、「アフガニスタンやパキスタンの情報筋によると、ドクター・ナカムラの殺害事件で中心的な役割を果たしたとされるTTP幹部のアミールが殺害された」と後を追った。ニュースは、現地のパシュトゥー語やウルドゥー語などでも発信され、フェイスブックやツイッターで広まった。アミールがTTPメンバーであった点にも注目が集まった。それまで犯人像として他の武装勢力や軍閥の名は挙がっても、TTPが話題に上ることはなかったからだ。

アミールの罪をかぶりたくないTTP執行部は、2月12日、「殺害には関わっていない」と釈明する声明を出した。声明に先立ち、取材に応じたTTP幹部の一人は、殺害はあくまでアミールの「個人的な犯行」なのでTTPと結びつけないでほしいと語った。ただ、アミールがTTPのメンバーであったことは事実なので、「皆で追悼式を開いたところだ」とも話した。

アフガニスタン当局から報告を受けている日本政府は、捜査状況について言及を避けた。朝日新聞がアミール死亡を報じた2月10日午前の記者会見で、加藤勝信官房長官は「報道は承知しているが、殺害事件については引き続き、捜査が行われており、コメントは差し控えたい」とした上で、「アフガニスタン政府には累次にわたって徹底的な捜査を求めており、引き続き真相究明に向けて、アフガニスタン当局と緊密な連携を図っていく」と述べた。日本政府は自前の捜査チームを他国領土に送り込むことはできないので、アフガニ

1　14版△　2021年(令和3年)2月10日(水)

「中村哲さん、誘拐のつもりが…」周囲に

殺害事件主犯格の男か 当局特定

中村哲さん

アフガニスタン東部で2019年にNGO「ペシャワール会」現地代表の中村哲医師（当時73）が殺害された事件で、アフガン捜査当局がイスラム武装勢力「パキスタン・タリバーン運動（TTP）」の地方幹部でパキスタン人の男を主犯格と特定したことが、複数の捜査関係者への取材でわかった。TTPの報道担当者によると、男は1月末に死亡した可能性が高いという。男は生前、「（中村さんを）誘拐するつもりだったが、（共犯者が）殺してしまった」と周囲に話していたという。

▼26面＝遠い解明

中村さんは19年12月4日朝、車に乗っていたところを武装集団に道をふさがれ、銃撃を受けて死亡。同行していた運転手1人、警備員4人も死亡した。

捜査当局は事件現場の防犯カメラの映像の解析などから容疑者1人を特定し、逮捕した。容疑者は調べに、「武装勢力幹部が事件を首謀した。自分は運転手として雇われた」と供述した。

政府幹部によると昨年6月、TTP地方幹部の男が潜伏する東部クナール州の隠れ家を捜査当局が急襲したが、銃撃戦になり、その合間に取り逃がした。

その後、男は逃亡したが、今年1月29日、仲間と

2021年2月10日付の朝日新聞朝刊1面（東京本社発行）

スタン当局に捜査継続を働きかけ、進展を促すしかないのが実情だった。

日本メディアでは、官房長官会見の翌日に、西日本新聞が記事を出した。西日本新聞は日本政府高官への取材をもとに、アフガニスタン当局がTTPの地方幹部でパキスタン人の男を主犯格と特定したことや、アフガニスタン当局から日本側に「主犯格の男が既に死亡したという情報も寄せられた」ことを報じた。

これほど注目を集めたにもかかわらず、アフガニスタン当局は、「アミール死亡」について コメントしない立場を貫いた。捜査を指揮する情報機関も、警察を所管する内務省も、取材に応じようとしなかった。ひょっとすると、コメントしないのではなく、コメントできないのではないか。考えられる事情が、いくつかあった。

◉失った証拠、露見した恥部

重要証拠を握るアミールの死が、アフガニスタン当局にとって取り返しのつかない失態だったことは、疑いの余地がない。外国政府や自国民に対し、ガニ大統領が自ら「犯人を裁きにかける」と宣言していたのに、お膝元の首都で事件を起こされ、話も聞けないまま死なせてしまったのだ。

アフガニスタン当局が口をつぐむ理由は、他にもあった。2月10日に朝日新聞がアミールの死亡を報じてから約1カ月後、事件の捜査を指揮するアフガニスタン情報機関「国家保安局」（ＮＤＳ）の関係者と、朝日新聞の助手の一人が話す機会があった。関係者はアミールの死亡を伝えた記事について、「快く思っていない」と不満を述べた。「死亡したことも、ＴＴＰメンバーだったことも、触れてほしくなかった」

アフガニスタン情報機関にとって、アミールが死亡したことや、ＴＴＰメンバーだったことは、隠しておきたい「恥部」だった。「恥部」が何を指すのかは、アフガニスタン情報機関とＴＴＰの関係性から読み解くと、理解しやすい。実は、アフガニスタン情報機関とＴＴＰは、仲がいいことで知られている。「反パキスタン政府」という立場で、お互いの考えが一致しているからだ。アフガニスタン情報機関は、国境線をめぐる対立などから、長くパキスタン政府と対立してきた。アフガニスタン情報機関は一矢報いたいのだが、核保有国のパキスタンと正面からぶつかる力はない。では、どうするか。最も手っ取り早いのは、「反パキスタン政府」を掲げるＴＴＰのような武装勢力をアフガニスタン領内で飼いならし、潜伏を許すことで、パキスタンへの攻撃を間接的に助けることだ。

私は中東方面の取材を始めた当初、こうした情報機関と一部武装勢力の互恵関係が、なかなか理解できなかった。治安を維持したいはずの情報機関が、治安を乱すことのある武装勢力となぜなれ合うのかと、疑問に思っていた。ただ、武装勢力と一口にいっても、様々な思惑を持った武装勢力が混在していることを知った今は、聞き分けのいい武装勢力

当局と武装勢力の構図 米国務省などの資料から

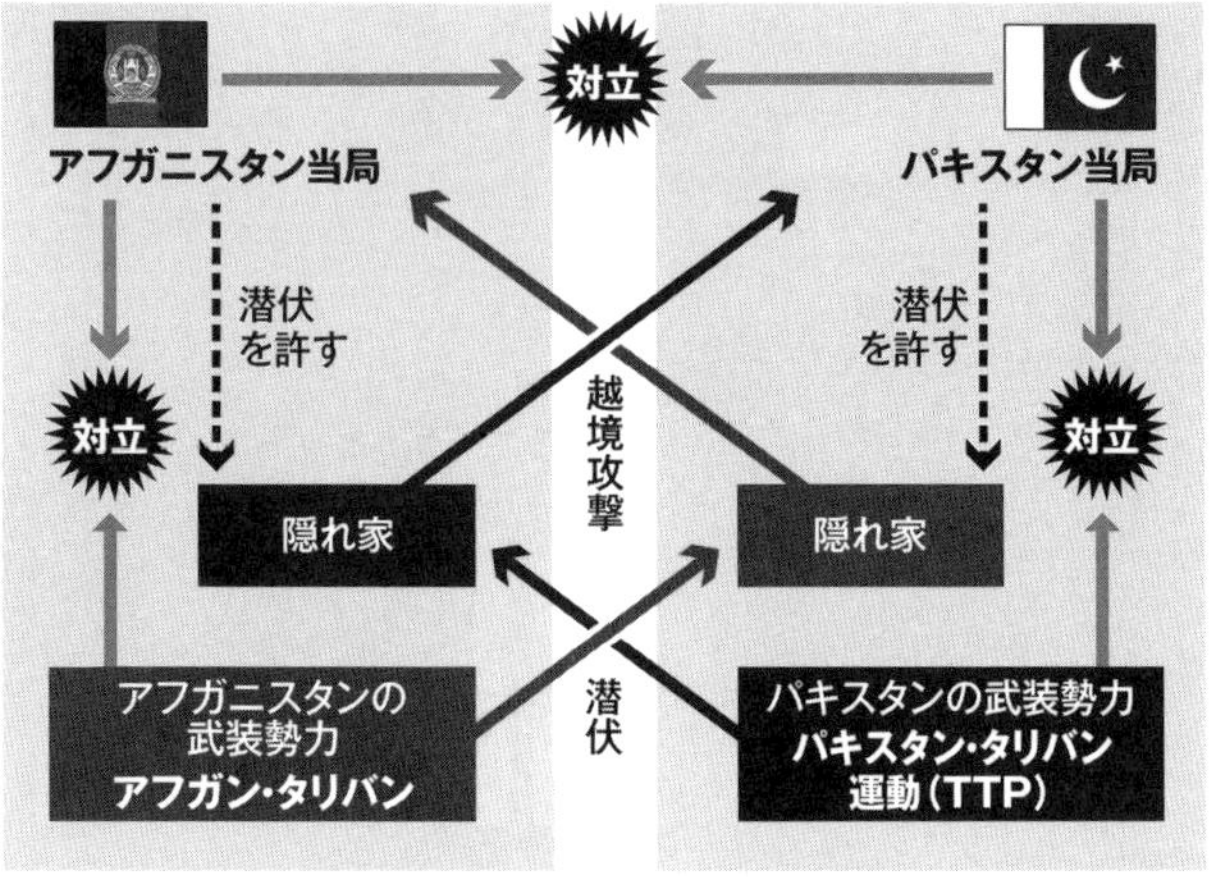

を飼いならし、対立国への攻撃に使うのが、情報機関の常套手段になっているという見方が、理解できるようになった。

アフガニスタン情報機関だけでなく、パキスタン治安機関も同じようなことをやっている、と米国などから批判されてきた。アフガニスタンとパキスタンの国境部が「テロの温床」と呼ばれ続ける背景には、一部の武装勢力を別動隊のように利用する国家機関同士の、にらみあいの構図があるということだ。

米国務省の報告書などによると、アフガニスタン領内には「セーフ・ヘイブン」（安全な避難先）と呼ばれるＴＴＰの隠れ家が存在している。あちこちに点在する隠れ家には、パキスタンからアフガニスタンに退避してきた計数千人のＴＴＰメンバーが暮らしていて、治療や訓練を受けた後、再びパキスタンに戻って攻撃を仕掛けるための出撃拠点になってきたとみられている。アミールの隠れ家も、その一つというわけだ。国連安全保障理事会の監視団の2021年2月の報告書は、関係国からの情報として、アフガニスタンからパキスタンへのTTPによる「越境攻撃」が、2020年7~10月だけで100回以上起きたと記録している。もっとも、アフガニスタン情報機関は、こうしたTTPとのなれ合いや隠れ家の存在を、公には認めてこなかった。アフガニスタン情報機関は、2017年ごろに一度、素行の悪いアミールを拘束したことがあったが、アミールが所属するTTPの働きかけを受けて、すぐにアミールを釈放したようだ。アフガニスタン情報機関はTTPとの関係を優先し、アミールの犯罪に目をつぶったのだと、当時釈放の交渉にあたったTTPメンバーは振り返る。

◉野放しだった容疑者

こうして放免されたアミールは、アフガニスタン東部クナール州の隠れ家に住み続けた。カネ欲しさから、懲りることなく誘拐や恐喝を続けた。そして2019年12月、野放し状態のアミールが起こしたとされるのが、中村医師の殺害事件だった。中村医師はアフガニスタン大統領から長年の人道活動をたたえられ、名誉市民権や勲章を贈られたことで、アフガニスタン国内で最も有名な外国人の一人になっていた。

仮にアフガニスタン情報機関が、早期にアミールを逮捕し、発表していたら、アフガニスタン情報機関は批判にさらされていた可能性がある。なぜなら、アミールがアフガニスタンにいるということは、ＴＴＰがアフガニスタンにいること、すなわち、ＴＴＰの潜伏が見過ごされてきたことを意味するからだ。記者会見が開かれていたら、私は次のように質問しただろう。「アフガニスタン情報機関がＴＴＰを一掃していれば、事件を防げたのではないか？」「アフガニスタン情報機関とＴＴＰの蜜月関係が、事件を招く元凶になったのではないか？」

こう考えると、アフガニスタン情報機関がアミールの逮捕を急がず、パキスタンに逃げ帰ったとされる「共犯者」の追跡に力を注いだのは、自然な流れだったのかもしれないと気づく。アフガニスタン情報機関の立場に立ってみれば、アミールを逮捕せずに泳がせ、パキスタンの「共犯者」をおびき出して逮捕した方が、パキスタン側の関与を強調できる。アミールと「共犯者」との通話を傍受すれば、その居場所をつかみやすいという捜査上のメリットもあっただろう。アフガニスタンの捜査幹部の一人は、取材にこう語っていた。

「(アミールら) アフガニスタンに残る男たちは、パキスタンの共犯者に利用された小物に過ぎない。パキスタンの共犯者を捕まえなければ、意味がない」

アフガニスタン情報機関は、遠くの「共犯者」を追うあまり、足元のアミールとその証拠を、突然の死によって失ってしまったのだ。

第4章◉隣国に逃げた共犯者

◉疑われた軍閥トップ

中村医師の殺害事件を調べるアフガニスタン情報機関「国家保安局」（NDS）が、イスラム武装勢力「パキスタン・タリバン運動」（TTP）メンバーの男アミール・ナワズ・メスードを容疑者と特定するまでには、いくつかの曲折があった。アフガニスタン情報機関は、イスラム武装勢力だけでなく、有力な政治家も捜査対象者として一時マークしていた。

その政治家は、事件があったアフガニスタン東部ナンガルハル州の利権を握る軍閥の頭領、ハズラット・アリ（57）だった。かねてから住民たちは、アリやその部下たちが中村医師の灌漑事業でよみがえった農地を占拠しようとしているのではないかと心配していた。

実際、アリの部下グルカリームは、農地のど真ん中に高い塀を巡らせ、家族を住まわせていた。中村医師は著書『医者、用水路を拓く』（石風社）で、グルカリームとのあつれきについて、「互いに気まずい対面もあった」「わがPMSの食糧倉庫も一時（グルカリームに）狙われた」と紹介している。しかし、グルカリームは中村医師の用水路に頼って生活する一人でもあり、工事には協力的だったという。中村医師は「親族や取り巻きがグルカリームの権力を背景に無体な要求」をしたものの、グルカリーム自身は「旱魃《かんばつ》で荒廃し

軍閥を率いるハズラット・アリ＝2020年1月24日、カブール、乗京真知撮影

た（故郷の）ラグマン州の親族も加え、往時の郷土をそのまま再現しようと、一族郎党を移住させていたに過ぎなかった」「徐々に友好的になっていた」と記している。

灌漑をめぐっては、クナール川流域の村々で水や土地に絡むもめ事が何度か起きてきた。住民らによると、2010年の渇水時には流域の村々が水の配分を巡って対立し、取水口に人を集めてにらみ合った。2011年には、灌漑による川の流れの変化で土地が浸食されたと主張する村人たちが現れた。

水と土地の配分は、住民の命に直結する重要な問題だ。米国際開発局（USAID）などによると、一帯の降水量は年平均248ミリで、東京の約16％しかない。2000年の干ばつでは、国内の300万人以上が食糧難に陥ったり住み家を追われたりした。ただ、もめ事の多くは村同士のいさかいで、中村医師が恨みを買うようなものではなかった。むしろ中村医師は村々の要望に耳を傾け、事業計画に取り込んでいくことで、もめ事を収めてきた側面があった。

では、なぜアリが犯人として名指しされたのか。その裏には、住民が抱えるアリへの恐怖心があったようだ。自前の戦闘部隊を擁するアリは、１９９０年代の内戦時代に力を伸ばした軍閥のトップで、２０００年代には州警察長官も務めた。２００５年からは3期連続で下院議員を務め、東部で指折りの実力者となった。アフガニスタンには、武力を背景に政治力を握る軍閥が各地にいる。力が増すにつれ、アリの威を借る者たちも出てきた。国際人権団体ヒューマン・ライツ・ウォッチは２００４年版の報告書で、「見境ない略奪や、少年少女への性的暴行、反対派への嫌がらせ、山賊行為などはアリの代名詞となってきた」と指摘し、アリの影響下にある地域で麻薬取引が急拡大していると警告した。

中村医師殺害から約1カ月半後の２０２０年1月24日、私は助手とともに、首都カブールにあるアリの事務所を訪ねた。犯人視されていることについて、本人がどう思っているのかを聞きたかった。塀で囲まれた事務所の前には、雪が残っていた。道路脇にはナンバープレートのない防弾車やトラックが止まっていた。分厚い鋼鉄製の門扉に近づくと、自動小銃を構えた護衛が5人ほど出てきた。ライバル勢力の襲撃に備えているのだという。用件を伝えると、暖房のある応接間に通された。しばらく応接間で待つと、土色の民族帽をかぶったアリが入ってきた。身長は175センチほどで、左手に大きな青緑色のトルコ石の指輪をはめていた。こちらをじっと見つめ、ソファに腰掛けた。白髪交じりのひげを手のひらでさすった後、こう切り出した。「君がジャーナリストであれ、外交官であれ、私は一向に構わない。私には何も隠すことはない」。犯人と疑われていることを自覚しているようだった。

◉「この手で犯人を捕まえたい」

――ドクター・ナカムラに会ったことは?

「ドクター・ナカムラは、何度も会いにきた。ナンガルハル州のほとんどのエリアが、私の影響下にあったからだ。ドクター・ナカムラはクナール川から砂漠が広がるガンベリに水を引く事業に着手したところだった。出来る限りの支援をした。良好な関係を築いた」

――事業の影響は?

「ドクター・ナカムラの事業は、他に替えがきかない独創的なものだった。彼のおかげで、水不足に苦しむ多くの人々のもとに水が届けられた。水路のそばには公園もでき、たくさんの人々が集うようになった。アフガニスタンのために、懸命に働いてくれた彼を、私たちは失ってしまった」

ハズラット・アリ（中央）が携帯電話に保存している写真＝2020年1月24日、カブール、乗京真知撮影

アリは、中村医師と仲が良かった証拠を見せたいと言って、上着のポケットから携帯電話を取り出した。携帯電話の写真ファイルを開き、その中の1枚を拡大して見せた。笑顔のアリと中村医師が、並んで写っていた。

――ドクター・ナカムラの車が襲われたことを、いつ知りましたか？

「ニュース速報で知った。初めのうちは、護衛は死亡したが、ドクター・ナカムラは重体だと報じられていた。どうか命だけはと神に祈っていたが、息を引き取ったと聞き、とても悲しかった」

――走行中だったドクター・ナカムラの車の前に、犯行グループの車が割り込み、反撃の隙を与えずに一斉射撃する、特異な襲撃でした。

「よく練られた犯行だと思った。事前の下調べで、ドクター・ナカムラが通る道が分かっていたのだろう。手前には州知事公舎があり、奥には警察の検問所もある。その間で待ち伏せし、ピンポイントで襲撃した。犯行グループが、銃撃した後も慌てず、相手の銃を回収し、用意していた車で逃げる様子（を写した防犯カメラの映像）は、余裕すら感じさせるものだった。並の犯罪者では成し得ない、組織的な犯行だった」

――犯行グループの車は、今どこに？

「見つかっていないようだ。事件の捜査班に聞いてみたが、目立った進展はないと言っていた」

――犯行の準備には、どれくらいかかるものですか？

「この手の犯行は、ターゲットを観察することから始める。そして、目的に応じて爆弾を用いるか、毒を盛るか、身内を取り込むかなど手段を絞り込み、人集めをして犯行グループを組織するまで、3〜4カ月はかかる。誘拐や襲撃で稼ぐプロの犯罪集団に頼めば、もっと短くできるが、報酬を払わなければいけない」

――報酬の相場は？

「1回あたり5万〜10万ドル（約550万〜1100万円）だ」

――犯罪に詳しいあなたを、犯人だと名指しする声もある。

「うわさに過ぎない。ドクター・ナカムラは、私の兄弟のような存在だった。私も、私の家族も、私の故郷も、恩恵を受けてきた。ドクター・ナカムラの事業のことを悪く言うような者は、私の周りに1人もいない。なぜなら、その事業が我々の暮らしを変えるということを、みんなが実感していたからだ。ドクター・ナカムラが殺されてしまったことは、とても悲しいし、我々としては恥ずべきことだ。この手で犯人を捕まえたい。ドクター・ナカムラの事業が、アフガニスタンで今後も続けられるように」

疑いを晴らすためだろう。アリは「自分が犯人を捕まえてみせる」「裁判にかけ、罪を問う」と繰り返し語った。私は質問を続けた。

◉「パキスタンが襲撃を頼んだ」

——襲撃の狙いは何だったと思いますか?

「この事件の核心を話したい。動機はクナール川に関係している。クナール川はパキスタンを源流とし、途中で一度アフガニスタンに流れこんだ後、蛇行して再びパキスタンに流れ出す。アフガニスタンでの水の利用を、パキスタンはよく思っていなかった。情報源は明かせないが、パキスタンが今回、現地にいるプロの犯罪集団に襲撃を頼んだという、信

クナール川の水の流れ

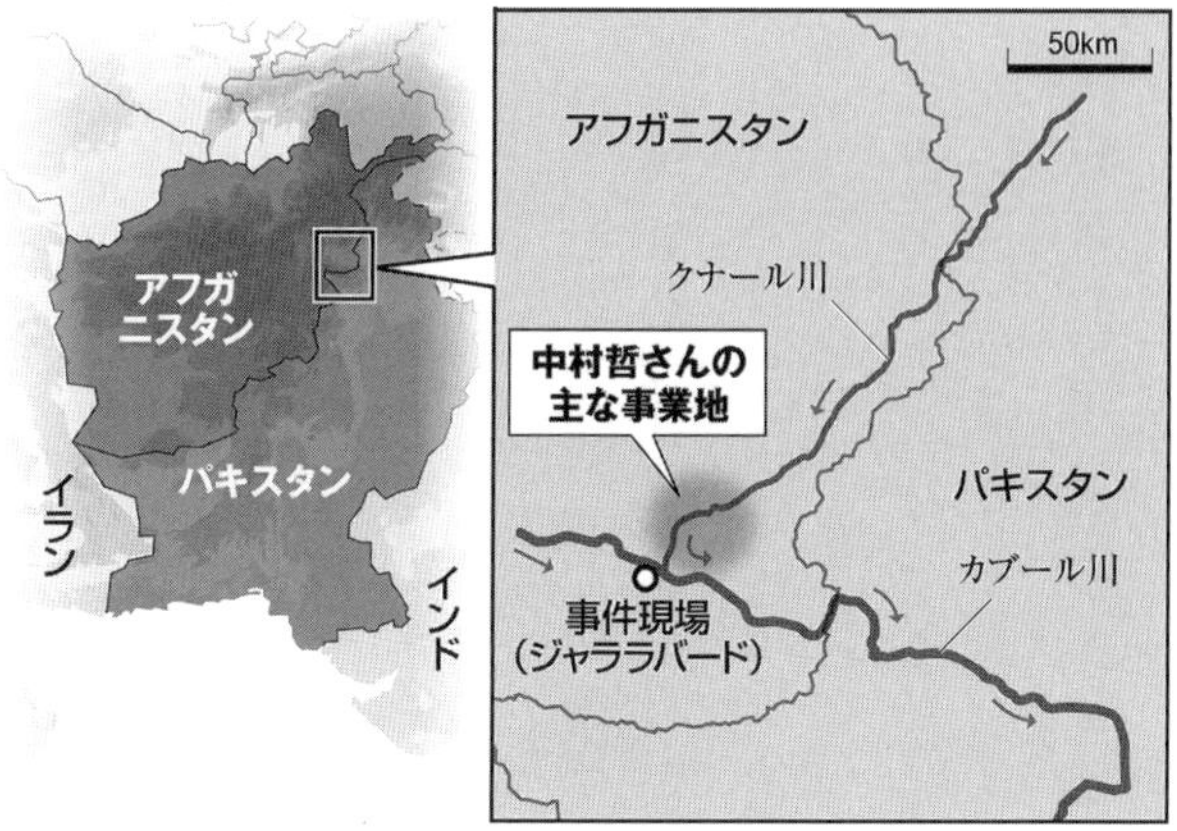

頼できる情報を得ている」

――プロの犯罪集団とは？

「（アフガニスタンの反政府武装勢力の）タリバンや、（過激派組織の）「イスラム国」（IS）ではない。現地にはVIPを狙った誘拐や襲撃を稼業とするプロの犯罪集団がいる。その犯罪集団は、これまでもパキスタン治安機関の仕事を請け負ってきた。アフガニスタン情報機関も、その存在を把握している」

――何という犯罪集団ですか？

「申し訳ないが、名前は言えない。私が狙われてしまう。活動エリアは、（中村医師が殺害された）ナンガルハル州と（首都の）カブールだ。調べてみるといい」

取材を終え、門の外まで見送りにきたアリ

の周りには、自動小銃を持った護衛が数人ついていた。軍閥のトップが恐れをなす犯罪集団など、実在するのだろうか。アリが疑いをそらすために、架空の犯罪集団の話を持ち出した可能性はゼロではない。

ただ、アリが指摘したように、パキスタンを源流とするクナール川の恵みがアフガニスタンに奪われてしまうという危機感を、パキスタン当局が抱いていたのは確かだ。水源が限られているパキスタンにとって、「水不足は国が直面している最大の問題」（パキスタンのイムラン・カーン首相）だ。パキスタンにはインダス川も流れているが、その源流の一部は東隣のインド側にある。対立するインドとの関係がさらに悪化すれば、いつ水を止められるかわからないという不安がある。そんな中で、西隣のアフガニスタンからの水まで細れば、国の発展は妨げられ、国民は困窮を強いられる。

実際、クナール川から水を引く中村医師の灌漑事業を、視察しにきたパキスタン人もいたようだ。中村医師の知り合いの男性によると、中村医師は2014年ごろ、「パキスタンの視察者が事業の様子を調べた後、何も言わず、ふふーんという感じで帰っていった」と話していたという。

国境をまたぐ川をめぐっては、水争いを避けるために国同士が話し合い、水を分け合う協定を結ぶのが一般的だが、アフガニスタンとパキスタンは話し合いを避けてきた。アフガニスタン水・エネルギー省で働いてきた水資源管理の専門家は、「アフガニスタンとパキスタンは相互不信が根深く、話し合いの土台になる流量などの基礎データも乏しい。そのため、トラブルを予防するような協定づくりは進んでこなかった」と指摘する。アリが言うように、クナール川の問題は、事件の背景を探る上で無視できない視点と言える。

さらに、取材を続ける中で気づいたのは、アリが語った犯人像と、その後にアフガニスタン情報機関が特定した容疑者アミールの特徴が、よく似ていたことだ。VIPを狙った誘拐や襲撃を稼業にする▽タリバンやISではない▽ナンガルハル州とカブールを活動エリアとする▽パキスタンとつながりがある――こうした特徴に当てはまる人物は、治安の悪いアフガニスタン東部と言えど、そう多くはない。

パキスタンとのつながりについては、アミール自身が生前、「パキスタンから来た共犯者」の存在を知人に明かし、「共犯者が（中村医師を）撃ってしまった」と語っていた（第2章）。この「共犯者」が何者かを考える上では、第1章で取り上げた目撃者クナーリの証言が参考になる。証言によると、待ち伏せをしていた3人組のうち、最初にピストルを撃った1人は、中村医師を待ち構え、助手席の窓越しに近距離で発砲していた。しかも、3人組のうち1人は、中村医師の意識が戻ったのに気づくと、すかさず「日本人が生きている」と周りに知らせ、とどめを刺すよう促していた。誘拐や物取りではなく、中村医師を殺害する意思があったことをうかがわせる振る舞いだ。

なお、クナーリによると、最初にピストルを撃った1人は、アミールのような屈強な体つきではなく、アミールとは容姿が違っていたという。クナーリの記憶が確かなら、最初にピストルを撃った1人は、アミールではなく、アミールの「共犯者」だったことになる。「共犯者が（中村医師を）撃った」というアミールの話は、まんざらウソでもなさそうだ。

また、クナーリを含む3人の目撃者によると、犯行グループが使っていた言語は、アフガニスタンで話者が最も多いダリ語ではなく、アフガニスタンとパキスタンの国境部に多いパシュトゥー語だった。クナーリは、そのアクセントに「パキスタンなまり」を感じたことや、パキスタン北西部で流通する履物「ペシャワル・サンダル」を見た記憶があることから、犯行グループの中にパキスタン出身者がいたのではないかと疑っている。

◉「共犯者」は何者か？

一連の取材によって、中村医師を最初に撃ったのは、犯行グループを束ねていたアミールではなく、その「共犯者」だった疑いが濃くなった。アミールが死亡してしまった以上、真相を解き明かすには、「共犯者」の居どころをつかまなければならない。私は助手とともに、アミールが「共犯者」と呼んだ人物の行方を追った。手がかりになったのは、アミールが知人に言い残した「遺言」だ。第2章でも取り上げた「遺言」の内容は、次のようなものだった。

中村医師殺害事件の2カ月近く前、パキスタンの「共犯者」がアフガニスタン東部クナール州にあるアミールの隠れ家にやってきた。「共犯者」は隠れ家を拠点に、クナール川流域の灌漑事業に取り組む中村医師の行動を観察した。犯行計画を練り、アミールに誘拐しようと提案した。アミールは報酬がもらえるならと誘いに乗り、車や銃を用意し、犯行グループを組織した。犯行当日、アミールは中村医師を誘拐するつもりだったが、「共犯者」は中村医師を銃撃した。事件後、「共犯者」はパキスタンに逃げ帰った。

「遺言」の内容は、アミールの知人が私たちの取材に対して明らかにしたものだ。知人によると、中村医師を殺害した犯行グループは事件後、クナール州の隠れ家に戻った。その際、アミールは「共犯者」に向かって「なぜ撃った！」「聞いていなかったぞ！」と声を荒らげた。アミールはその様子を携帯電話で動画撮影していた。知人はアミールの携帯電話に保存されていた動画を、アミールに見せてもらったという。また知人は、アミールがパキスタンに逃げ帰った「共犯者」に電話を掛け、「お前のせいで俺に捜査が集中する羽目になったじゃないか！」「お前がミッションで来ていたことを俺は知らなかった！」と怒鳴った場面も、すぐ近くで見たという。

2019年10月7日、ガニ大統領（右）から名誉市民権を授与された中村医師＝パジュワク・アフガン通信提供

ここで言う「ミッション」とは何か。知人は、パキスタンの治安機関による工作活動のことだと語る。クナール川流域の治安事情を熟知し、誘拐にたけたアミールに、パキスタンの治安機関の密命を受けた「共犯者」が近づいて利用したというのが、アミールが語っていた見立てだという。

この見立ては、あくまでアミールの主張に過ぎず、うのみにするわけにはいかない。しかし、その内容が、アミール自身を大きく見せるような話ではなく、「共犯者」にだまされたという失態を打ち明けるものであることは、注目に値する。気心のしれた知人に対して、わざわざ作り話をしてまで、自分をおとしめるようなことを言う必要はないはずだ。

また、犯行準備が「事件の2カ月近く前」に始まったとしている点にも注目したい。

「事件の2カ月近く前」といえば、ちょうど中村医師がアフガニスタンのガニ大統領から名誉市民権を授与されたニュースが、国内外で話題になった時期だ。中村医師に名誉市民権が授与されたのは、2019年10月7日。事件が起きたのは、同年12月4日。中村医師に注目が集まったことが、犯行のきっかけになった可能性がある。

◉事件後に突然の政治活動

私はアミールの知人に、「共犯者」の素性を調べたいと相談した。すると知人は、アミールが「共犯者」と呼んでいた人物に関する個人情報を教えてくれた。氏名、出身地、フェイスブックのアカウント、運営する政治団体名などだった。

フェイスブックにアクセスすると、アカウントの主の写真が出てきた。口ひげをはやした中肉中背のパキスタン人男性だった。このアカウントは、事件が起きてから数カ月後に新しく開設されていた。投稿欄には、男性がパキスタンで政治団体を立ち上げ、政治活動を始めたことが書かれていた。パキスタン北西部を中心に、数百人規模の政治集会を何度も開き、群衆を前に演説する動画も投稿していた。

フェイスブック上の「友達」は5000人近くいた。「友達」の一人に連絡すると、すぐに返事が来た。「友達」によると、男性は2020年に入ってこのアカウントを開設した後、人が変わったように政治的な発言をするようになったという。男性は元々、別のアカウントを持っていて、アフガニスタン国内を含む立ち寄り先の写真を投稿していたが、今ではアカウントごと削除されたという。

男性の素性を探るため、2021年1月、パキスタン北西部の地元記者に話を聞いた。記者によると、男性は2020年に入ってから、「挨拶をしたい」「会見を開きたい」と言って、何度か電話をかけてきたという。この記者は約20年間、パキスタン北西部で取材を続けてきたが、男性のことは「聞いたことがなかった」。突然、政治の舞台に現れ、数百人規模の集会を続ける男性について、現地では「どうやって活動資金を得ているのか」「誰がバックにいるのか」などと不審がる声が出ているという。

フェイスブックに投稿された集会の動画からは、男性の主張が見て取れた。男性は、パキスタン治安機関に抗議する市民運動を批判していた。パキスタンでは2018年以降、パキスタン治安機関の人権侵害に抗議する市民運動（PTM）が全国に広がり、各地で数万人規模のデモが起きるようになった。危機感を強めた治安機関は、市民運動の参加者を取り締まり始めたのだが、その動きに呼応するように、男性は市民運動への批判を繰り返していた。

その後も観察を続けると、男性の動きが、地元で名の知れた治安機関元准将の動きと連動していることが分かった。例えば、男性は北西部タンク地区の選挙応援に入った治安機

中村哲さん殺害事件の捜査　アフガニスタン当局などへの取材から

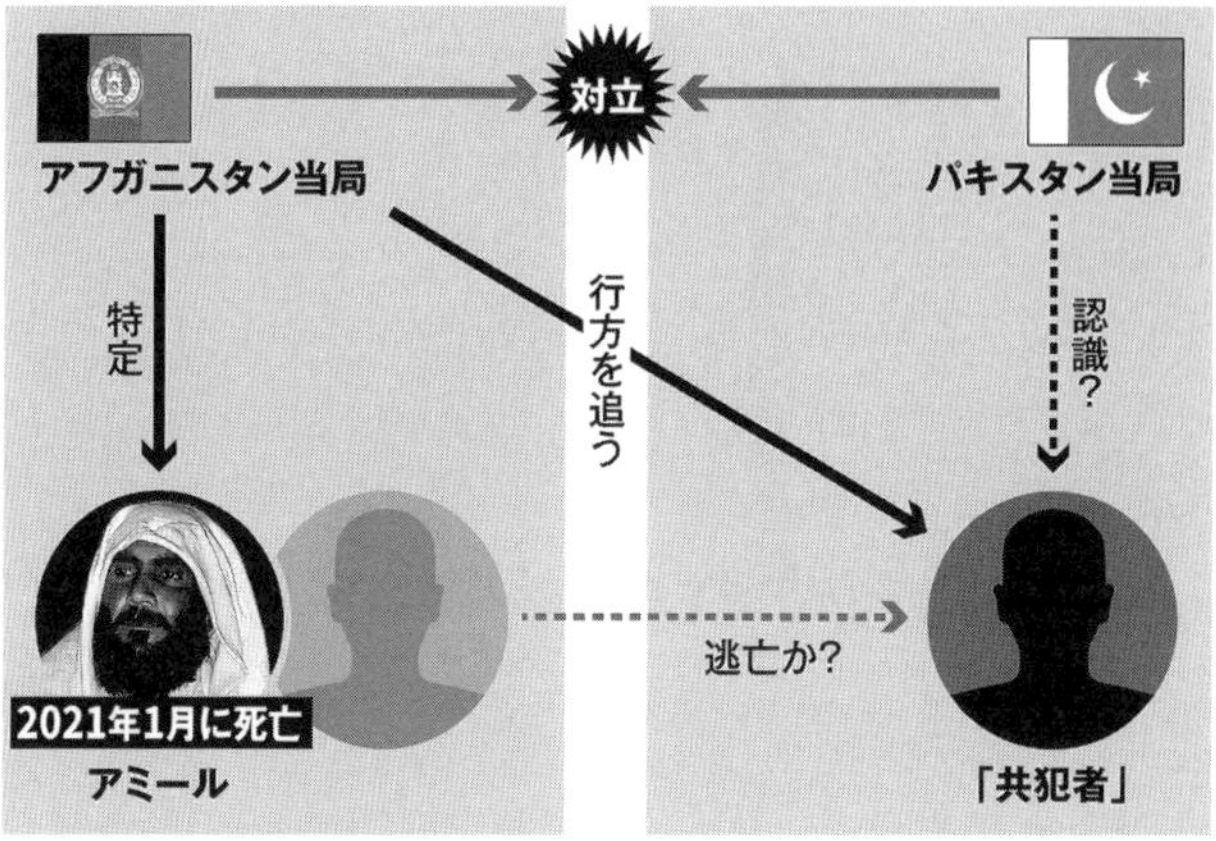

関元准将の後を追うように、同じ日に同じ場所で活動していた。その際、両者が一緒に写った集合写真も残っている。また男性は、治安機関を支持する団体を治安機関元准将が励ましに行った際にも、同じタイミングで同じ相手を表敬訪問していた。これらの動きは、男性と治安機関元准将の間に、何らかのつながりがあることを示唆している。なお、この治安機関元准将は治安機関諜報部門の長官に近く、長官が異動に伴って北西部を訪ねた際も横にぴったりと付き添っていた実力者だ。

男性が該当するかは定かでないが、パキスタンでは政治やビジネスなどあらゆる業界で、すねに傷を持つ人が治安機関に弱みを握られ、目をつぶってもらう代わりに治安機関の駒となって働くケースがあることが、公然の秘密となっている。

こうした男性の動きを、内偵捜査でつかんでいるからだろう。アフガニスタン情報機関の捜査関係者は、私たちの取材に「（中村医師殺害事件には）パキスタン治安機関が関与している」との見方を示した。また、アミールが所属していたイスラム武装勢力「パキスタン・タリバン運動」（ＴＴＰ）の幹部も、同じようにパキスタン治安機関の関与を疑っている。２０２１年２月10日午後、連絡が取れたＴＴＰの中枢幹部は、「共犯者」の男性のことを「パキスタン治安機関の工作員」と呼び、「工作に成功した見返りとして、政治活動の機会と活動資金が与えられた」と語った。アフガニスタンの発展を阻止したいパキスタン治安機関が、アフガニスタン東部で大規模な灌漑事業を成し遂げた中村医師を排除するために、「共犯者」を使って中村医師の殺害を企てたのではないか、という見立てだ。

◉逮捕阻む国境の壁

アフガニスタンで大きな事件が起きた際、アフガニスタン情報機関やＴＴＰが、対立するパキスタン治安機関を名指しして、「関与したに違いない」と主張することは珍しくない。取材にあたっては、その主張の根拠を吟味し、他の証拠と照らし合わせながら、妥当性を推し量る必要がある。証拠がそろわない段階で「黒幕はパキスタン」と決めつけることはできない。ただ、アミールがパキスタンから逃げるためにアフガニスタンを「セーフ・ヘイブン」（安全な避難先）にしていたのと同じように、「共犯者」と名指しされた男性もアフガニスタンから逃げるためにパキスタンを「セーフ・ヘイブン」にしている可能性は十分ある。

アフガニスタンとパキスタンの関係は複雑だ。民族や言語で重なる部分がある一方、国境をめぐる対立などで1961年には一時断交したこともある。近年は、アフガニスタンの武装勢力をパキスタン治安機関が支援しているという批判がアフガニスタン国内で高まり、関係が冷え込んできた。そんな両国が事件の捜査で手を組む可能性は低く、容疑者がひとたび国境を越えてしまえば、逮捕するのは極めて難しくなる。

2021年4月9日に取材したパキスタン治安機関諜報部門の幹部は、「アミールが死亡したことは間違いない」と認めたが、「共犯者」の男性については「把握していない」とだけ答え、それ以上は語ろうとしなかった。

第5章◉見過ごされた予兆

◉犠牲になった同行の5人

中村医師殺害事件では、同行していたアフガニスタン人の運転手1人と護衛4人も犠牲になった。いずれも20〜30代の働き盛りで、子煩悩な父親たちだった。

このうち運転手ザイヌラ（34）は、中村医師が最も信頼を置いていたスタッフの一人だ。中村医師の傍らで、10年以上活動を支えてきた。中村医師が笑みを浮かべている写真には、ザイヌラが隣にいるものが多い。中村医師は病院で息を引き取る前、声を絞り出すようにして「ザイヌラたちは無事か？」と医療スタッフに聞いていた。

そのザイヌラは、事件の時、中村医師を助手席に乗せて四駆のハンドルを握っていた。犯行車両に道をふさがれ、急ブレーキを掛けた直後、頭を撃たれて即死した。目撃者クナーリによると、ザイヌラは銃撃の後、ハンドルに顔をうずめるようにして前かがみに崩れた。同じく銃撃された中村医師は、最初ダッシュボードに突っ伏していたが、一時的に意識が戻った後、ザイヌラの右肩に左ほおをくっつけるようにして、うなだれていたという。

ジャララバードの自宅で取材に応じたザイヌラの弟ルドゥフラ（29）は、「ザイヌラはいつも家族にドクター・ナカムラの話をしてくれた」と振り返った。「ザイヌラは、ドクター・ナカムラから『私の横について仕事を覚えるように』と言ってもらえたことを、何

中村医師（右）とともに亡くなった運転手ザイヌラ＝ザイヌラの家族提供

よりも誇りに感じていた」。そして、ザイヌラは6人いる子供たちに「ドクター・ナカムラのような立派な人になるために、一生懸命勉強しなさい」と言い聞かせていたという。まだ幼い子供たちは、父親の死の意味をのみ込めていなかった。中村医師にあこがれる小学生の長女ムスカは、「1カ月くらい経てば、お父さんは帰ってくるはず」「お父さんが帰ってきたら、ちゃんと宿題をやったよって、見せるんです」と屈託のない笑顔で話した。

死亡した護衛4人は、中村医師を守るために遠くから派遣されていた警察官だった。中村医師を警備して4年目を迎えていた護衛ジュマ・グル（32）は、ジャララバードで単身赴任し、住み込みで中村医師を守っていた。たまたま事件前日までカブールの自宅に帰省し、娘マルワ（3）と遊んでいた。帰省する

護衛ジュマ・グルの父グル・ナビと娘マルワ＝2020年1月24日、カブール、乗京真知撮影

時は、ジュマ・グルがチョコレートを買って帰り、娘マルワが玄関先で待ち構えて抱きつくのが決まりだった。ジュマ・グルの父グル・ナビは、「ジュマ・グルはもう帰ってこないのに、マルワが何度も玄関をのぞきに行くんです。不安そうに玄関の前で立っているマルワの姿を見ると、ふびんでなりません……」と声を詰まらせた。マルワは生まれつき心臓が弱く、月2500アフガニ（約3500円）分の薬を飲まなければ生きていけない。ジュマ・グルの月給1万8400アフガニ（約2万6000円）が支えだったが、命とともに奪われた。政府は事件後、遺族支援として1家族あたり10万アフガニ（約14万円）を支給したが、半年もすれば底をつくと妻ビルキス（22）は心配していた。

同じくカブール出身のマンドザイ（36）は、

護衛サイード・ラヒムの墓の前に座る遺族＝2019年12月、ダラエヌール

護衛のリーダーだった。元々はカブールの刑務所で刑務官を務めていたが、働きぶりを認められてリーダーに抜擢された。NGO事務所に詰めて遠隔で指示を飛ばすこともできたが、マンドザイは中村医師に同行して警備態勢を引き締めていた。弟サドザイ（30）には「座っていてはドクター・ナカムラを守れない」と話していたという。残された妻子7人のうち次男アブドゥラは特に落ち込みがひどく、壁に頭をぶつけるなど自分の体を傷つけるようになった。

警察官の中には、最貧層の出身者も多い。警察官は危険な上に薄給で、人手が常に足りておらず、読み書きができなくても採用されやすいからだ。妻子7人を残して亡くなった護衛サイード・ラヒム（26）も、その一人だった。東部ナンガルハル州ダラエヌールの、孤絶した山村に生まれた。父ウルス・ハーンさん（55）によると、サイード・ラヒムの兄も警察官だったが、数年前にジャララバードの爆発事件で殉職したという。サイード・ラヒムは生前、教育を受けられなかったことを悔やみ、せめて「子供たちは学校に通わせたい」と願っていた。そのためなら「どんな危険な仕事でも耐えられる」と話していたという。

同じ山村出身の護衛アブドゥル・クドゥス（27）も、貧しい家庭の生まれだった。土壁の実家は、ジャララバードから車で2時間走った後、徒歩で山道を30分登ったところにあった。薪を拾って火をおこし、泉の水をくんで暮らす一家の唯一の稼ぎ手が、アブドゥル・クドゥスだった。3年前に結婚して娘ナスリン（1）を授かり、その成長を楽しみにしていた。父シャディ・ムハンマド（55）は、「息子を私に授けたのも、私から奪ったのも、神なのです」と、自分に言い聞かせるようにつぶやいた。

◉「危険に気づいていた」

私は、中村医師殺害の容疑者アミール・ナワズ・メスードの素性と、その死亡について朝日新聞紙面やデジタル版で連載を書いた後、新たな疑問を解く取材に取りかかった。きっかけは、犠牲になった護衛マンドザイの妻ナフィサ（34）の、次のような証言だった。

マンドザイ（右）の長女ファティマが幼かったころの写真＝妻ナフィサ提供

「マンドザイは事件前、不吉な言葉を口にしていました。とても珍しいことなので、突然なにを言うのかと驚きました。いま思えば彼は、危険に気づいていたのだと思います」

ナフィサの証言に、私は衝撃を受けた。事件が予見されていたことを暗示していたからだ。予見されていた事件を防げなかったのだとすれば、その理由は何だったのか。理由を洗い出すことが、新たな犠牲を食い止める手がかりになるかもしれないと考えた。

マンドザイは首都カブールに自宅があったが、東部ジャララバードに単身赴任し、中村医師の警備にあたっていた。事件当日も中村医師に付き添い、首や腹などに5発の銃弾を浴びた。誕生間近の第6子を見ぬまま命を落とした。

私が初めてマンドザイの自宅を訪ねたのは、

護衛マンドザイの墓前に座る長男ワヘドゥラ（奥）と次男アブドゥラ＝2019年12月、カブール、家族提供

事件から約7週間後の２０２０年1月25日だった。カブール東部のなだらかな丘陵地。舗装のない道に沿って、レンガや土塀の家が並ぶ村を進むと、マンドザイの父グルザマン（70）が軒先に立っているのが見えた。日陰には雪が積もっていたが、日差しは暖かかった。中庭にじゅうたんを敷き、集まった遺族と車座になって話した。

マンドザイには、妻ナフィサとの間に６人の子どもがいた。中村医師にあこがれて医者をめざす長女ファティマ（12）、マンドザイに目鼻立ちが似た長男ワヘドゥラ（10）、運動が好きな次男アブドゥラ（８）、学校に通い始めた次女ザハラ（６）、甘えたいさかりの三女サナ（４）、そして事件の14日後に生まれた末娘ホマイラだ。

心が痛んだのは、遺影を前に長男ワヘドゥ

ラが言った言葉だった。「僕は警察官になる。父さんを殺した犯人を捕まえる」。強い復讐心を燃やす彼に、なんと声を掛ければいいのか分からなかった。私は彼の隣に座り、肩をさすることしかできなかった。そばにいたグルザマンが、目頭に指を押しあてて泣き始めた。「孫まで失いたくない。警察官になるなんて、言わないでくれ……」

◉2年越し、語り始めた妻

２０２０年1月の訪問では、妻ナフィサとは話ができなかった。末娘ホマイラを出産したばかりだった。事件のショックも大きく、床に伏せていた。病院でもらった精神安定剤を飲んでいた。それから約1年8カ月たった２０２１年9月、連絡を取り合う中でナフィサが初めて「心が落ち着いてきた今なら事件のことを振り返れそうだ」と言ってくれた。現地では政権崩壊が起き、イスラム主義勢力タリバンが権力を掌握したため、私は一時的に入国が難しくなった。同月23日、現地の助手に通訳を頼み、通話アプリを使って遠隔で話を聞くことにした。

ナフィサは自宅近くに小屋を建て、子どもたちと一緒に暮らしていた。小屋にはキッチンとトイレが付いていた。事件後、親族間のもめ事が増え、別居することになったのだという。黒いスカーフを頭にかぶったナフィサは、末娘ホマイラを抱っこしながら居間に腰

護衛マンドザイの妻ナフィサと末娘ホマイラ＝2021年9月23日、カブール

を落とした。ナフィサは時が経つにつれ、記憶が確かなうちに当時の話をしておきたいと考えるようになったと説明した。私と助手は、事件前の状況から順に話を聞いていくことにした。

――マンドザイがドクター・ナカムラの警備を始めたのはいつですか？

「事件の5年ほど前です。（アフガニスタン東部の）ジャララバードに単身赴任してドクター・ナカムラのために働いてほしいと、所属する内務省から依頼がありました」

――マンドザイは、警備の仕事をどう受け止めていましたか？

「仕事を誇りにしていました。帰省すると開口一番、ドクター・ナカムラのことを子供たちに話すのです。ドクター・ナカムラが手がけている灌漑事業の意義や、ドクター・ナカムラがかけてくれた言葉について、毎回1時間以上、報告していました。心から敬愛していたのです」

ナフィサは私たちの問いに淡々と答えた。努めてそうしているように見えた。つらくなったときは、いつでもインタビューを止めましょうと提案すると、「大きな音や悲しいニュースを聞くと、座り込んで動けなくなる時期が長く続いていましたが、今のところは大丈夫です」と答えてくれた。私たちは質問を続けた。

——マンドザイが不安を口にしたことは？

「彼は『ドクター・ナカムラが警備を付けずに出て行ってしまうことがある』『警備なしで出歩かないように何度もお願いしている』とこぼしていました。安全をどう確保するかについて、考え方に違いがあったようです」

中村医師は人に銃を向けず、丸腰であることが、人から銃を向けられないための最善の道だという考え方を持っていた。一方、マンドザイは銃を構えた護衛の存在が、銃を向ける者への牽制になると信じていた。そう信じるのには、ある理由があったとナフィサは語った。

護衛マンドザイの遺影＝2020年1月25日、カブール、乗京真知撮影

――マンドザイは事件前に何か話していましたか？

「ドクター・ナカムラが半月ほど日本に一時帰国していたのに合わせて、マンドザイは事件の4日ほど前まで休みを取り、自宅に帰っていたのですが、その際に『ドクター・ナカムラに対する脅威情報が寄せられた』と話していました」

――脅威の中身は？

「灌漑事業をやめなければドクター・ナカムラを殺害するというものだったそうです。脅威情報について語ったのは、これが初めてでした」

――マンドザイは、どんな様子でしたか？

「帰省中も不安げで、気が張り詰めている感じでした。事件の4日ほど前、ドクター・ナカムラが日本から再びジャララバードに戻ったのに合わせて、彼もジャララバードに戻り、警備を再開しました。事件前夜の午後10時ごろに電話をかけてきました」

——どんな話を？

「彼は電話口で『いまテレビで爆発のニュースを見た。十分気をつけてくれ』と言いました。私が大丈夫だよと答えると、彼は『人の運命というのは不確かなものだ』『俺もいつ命を落とすか分からない』と言い始めました。そして『子供たちをよろしく頼む』と何度も繰り返したのです。いつも冗談で笑わせてくれる人でしたが、この時は真剣な声でした。危険が迫っていることを感じ取っていたのでしょう。その翌朝、事件が起きました」

——脅威情報を書き留めたようなものはありますか？

「彼は護衛のリーダーとして、アフガニスタン情報機関や内務省からの警告をドクター・ナカムラに伝えたり、現地の情勢を情報機関や内務省に報告したりする連絡役でしたので、その際にやりとりした文書の画像を携帯電話に残していました」

◉携帯電話に残された警告文

——携帯電話はどこに？

「彼の制服やIDカードなどとともに、私が遺品として保管しています。携帯電話の画面

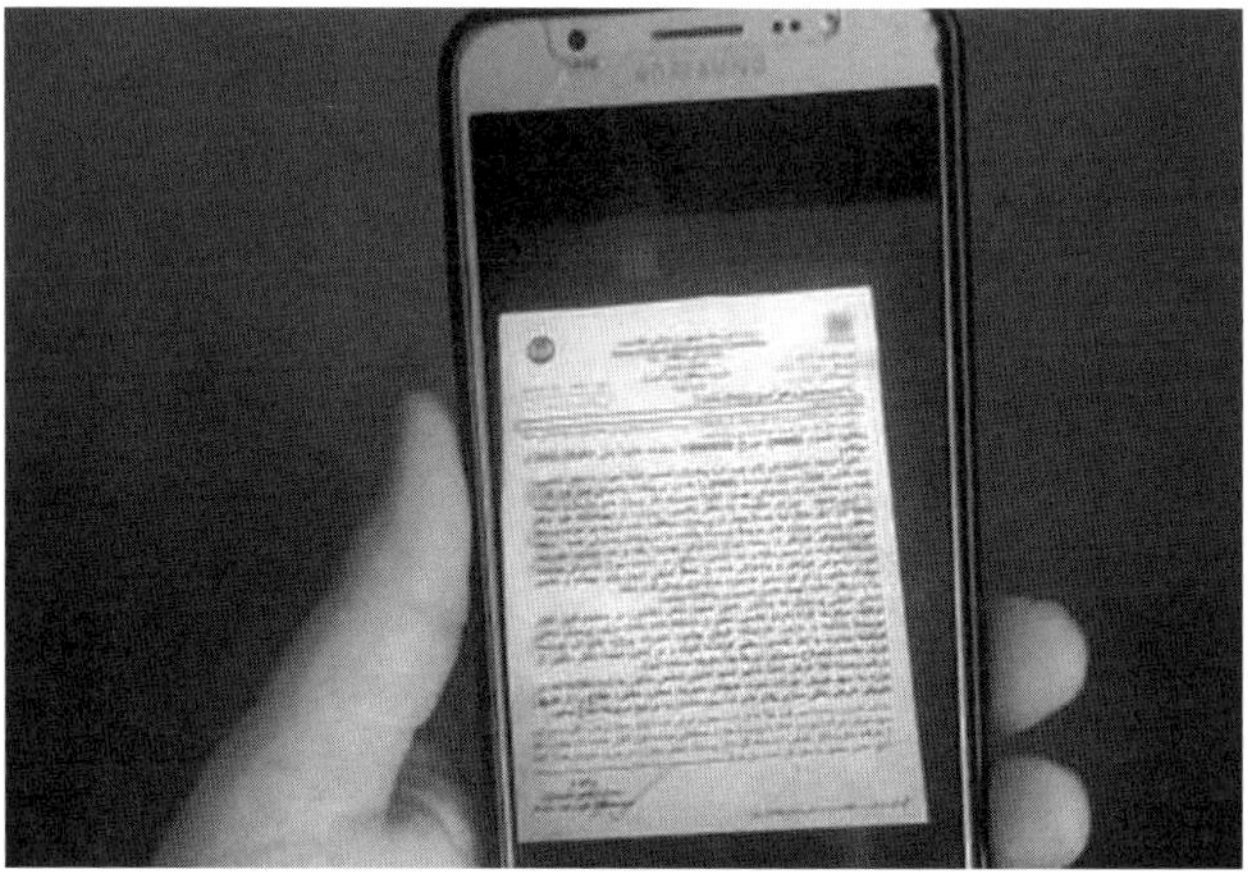

マンドザイの携帯電話に残されていた「警告文」の画像＝家族提供

を開くにはパスワードが必要ですが、私はパスワードを知っていますので、開けることができます」

　ナフィサは携帯電話を充電器につなぎ、残されている文書の画像を改めて確認した上で、共有してくれた。その文書は、アフガニスタン情報機関「国家保安局」（ＮＤＳ）がいち早くつかんだ脅威情報を、外国人やＮＧＯの保護を担当するアフガニスタン内務省の部局を通じて、中村医師の現地ＮＧＯ「ＰＭＳ」に知らせた「警告文」だった。

「警告文」は現地のダリ語で書かれた一枚紙で、事件が起きる22日前の２０１９年11月12日付だった。左上には二つの拳銃を描いたアフガニスタン内務省の紋章が、右上には小麦の穂にリボンが巻き付いたアフガニスタン政府の国章が、それぞれあしらわれていた。差出人はアフガニスタン内務省で、あて先はPMSとなっていた。

「警告文」によると、中村医師を狙った殺害計画があることをつかんだアフガニスタン情報機関は、2019年11月11日、アフガニスタン内務省に殺害計画の存在を知らせた。それをアフガニスタン内務省が翌日、PMSあてに出したのが、この文書ということだった。

「警告文」は、こんな書き出しから始まっていた。「●●●は最近、日本国籍のドクター・ナカムラを暗殺することを決めた」。●●●の部分には、アフガニスタン情報機関が殺害計画を首謀した「黒幕」とみる機関の名前が記されていた。具体的には、アフガニスタンと対立する隣国パキスタンの治安機関の略称が、アルファベット3文字で書かれていた。

「警告文」は、襲撃の方法も言い当てていた。「ドクター・ナカムラは毎日、（護衛の）警察官4人に付き添われ、車2台でジャララバードの宿舎を出発し、（灌漑の）事業地を見て回っている。その移動経路を見れば分かるように、（事業地がある）いくつかの地区は攻撃を受けやすい。敵は移動中に襲ってくる可能性がある」。その指摘通り、中村医師は護衛4人に付き添われ、車2台で定宿から灌漑の事業地に向かう途中に襲われた。「警告文」は最後の段落で関係者に対し、「敵の計画を阻止」するために中村医師の移動に合わせて警戒を強めるなど、「徹底的な安全策」を講じてほしいとお願いしていた。

PMSの関係者によると、マンドザイは事件前、この「警告文」を根拠に、警備を強める必要があると周囲に説いていた。マンドザイは「警告文」を手に持って、「(中村医師が）狙われている。もっと気を張らないといけない。いろんな攻撃があり得る」と語っていたという。

◉不審なバイクが予行演習？

内幕に迫るため、私はナフィサだけでなく、他の犠牲者の妻からも、事件前の様子を聞くことにした。犠牲者に最も近かった妻たちから話を聞かなければ、真相は見えてこないということを、ナフィサとのやり取りで気づかされたからだ。

現地では、保守的な習わしから男性の発言権が強く、女性が語ることをよしとしない風潮があるが、ナフィサに続いて別の妻も一人、インタビューに応じてくれた。中村医師とともに亡くなった運転手ザイヌラの妻ホマ（35)。ホマとは事件直後に一度話をしたことがあったが、当時は精神的な負担が大きすぎると考え、踏み込んだ質問をしなかった。それから約1年10カ月たった2021年9月29日、助手に現地のパシュトゥー語の通訳を頼み、電話でやりとりした。

——事件から2年近くが経とうとしています。

ザイヌラの妻ホマ（左から2人目）や長女ムスカ（右端）ら＝2021年9月、遺族提供

「事件直後に比べると、ずいぶん心が落ち着きました。当時は悲しいニュースを聞くと自分のことのように感じ、落ち込んでいました。浮き沈みはありますが、ようやくこうして話ができるようになりました」

――生活は苦しくないですか？

「事件後に（中村医師が代表を務めていた現地NGOの）PMSから補償金をいただきました。それを取り崩しながら、子供6人と義母とともに暮らしています。貯金が尽きれば、親戚に頼って暮らすことになりそうです」

――11歳の長女ムスカは、お医者さんを目指していましたね。

「ドクター・ナカムラのもとで10年以上働いていたザイヌラは、この国にはもっと多くの医師が必要だと考えていました。（長女の）ムスカにもそう言い聞かせ、教育レベルの高い私立学校に通わせていました。ドクター・ナカムラのような人助けのできる人に育ってほしかったのです。ただ、ザイヌラの死後は、私立学校の学費が払えなくなり、学費が掛からない公立学校に移りました」

教育面では、2021年8月にイスラム主義勢力タリバンが政権を崩壊させたことも影を落としているという。タリバンが女子生徒の通学を禁じたことで、教育を受けられなくなってしまったからだ。妻ホマは「(長女の)ムスカの夢は、ザイヌラの夢です。それがかなえられなくなるのではと心配です」と声を落とした。私は事件前のことについても尋ねた。

――ザイヌラは「警告文」について何か話していませんでしたか?

「警告文については、聞いたことがありません。ザイヌラは家族の前で不安を漏らすことは、ほとんどありませんでした。特に子供がいるときは、安全面の話は避けていました。ただ、事件前にはドクター・ナカムラの警備を担当する護衛からよく電話が掛かってきていましたので、なんらかの脅威情報が寄せられたのだろうなと思っていました。特に事件の1カ月ほど前、帰宅したザイヌラが『不審なバイク』の話をしたことは、今でもよく覚えています。ザイヌラが身の危険について話をするのは、とても珍しいことだったからです」

——どのようなバイクですか？

「ザイヌラは、男1人乗りのバイクだと言っていました。ドクター・ナカムラを助手席に乗せて灌漑の事業地がある地区ベスードへと移動していたところ、バイクが車のあとを付けていることに気づいたそうです。しばらくすると、そのバイクはスピードを上げて車を追い越していきました。ところが、そのまま走り去ることはせず、今度は急にスピードを落として進路を妨げるような危ない動きを見せたと言うのです」

——それは1回だけですか？

「ザイヌラは、同じことが一日に何度も起きたので、（警察官である）護衛に『逮捕してほしい』と知らせたと言っていました」

中村医師の車のあとを付け、スピードを上げて前方に割り込んだ後、急ブレーキをかけて進路を妨げる——。ザイヌラが目撃したというバイクの動きは、事件当日に犯行車両が見せた動きとよく似ている。中村医師の車やその後続の警備車両がどう反応するかを調べるために、犯行グループがバイクで「予行演習」をしていた可能性もある。アフガニスタン内務省が「警告文」で中村医師側に「移動中に襲われる可能性がある」と伝えていたのも、こうした経緯を踏まえてのことだったと考えられる。

◉備えは十分だったのか

不審なバイクや「警告文」を受けて、中村医師の警備はどう変わったのか。中村医師の活動をよく知る現地の関係者によると、事件前には移動の際に中村医師の車と警備車両との車間を2〜3メートルに保ち、警備車両が離れすぎないようにした。また、中村医師は午前8時ごろに宿を出て灌漑の事業地に出勤することが多かったが、これを10分ほど早めたり遅らせたりもしたという。

変えるのが難しいものもあった。その一つは、出勤ルートだ。宿から事業地へは複数のルートが考えられたが、事件が起きた道以外は途中で封鎖されていたり、路面が荒れていたりして走りにくかった。走りにくい道はスピードが落ちるので、襲撃されるリスクが高くなる。結局、車の流れがいい道を多用することになり、その道で犯行グループに襲われた。

また関係者によると、中村医師を警備する護衛の数は4人のままで、「警告文」の後も増員はなかった。関係者は、中村医師の車が防弾仕様でなかったことも指摘した。防弾車はレンタル料が高い上に、一目見てＶＩＰが乗っていることが分かるというデメリットがある。防弾車にしたからといって爆破まで防げるわけではないが、弾が貫通しにくいため犯行を思いとどまらせる効果はあるとされている。ここまでの取材を総合すると、次のようなことが言えそうだ。

▽事件の約1カ月前、中村医師の車の進路を妨害する不審なバイクが目撃されていた。
▽事件の22日前、殺害計画の情報をつかんだアフガニスタン当局が、中村医師に注意を呼びかける「警告文」を出していた。
▽殺害計画があることは分かっていたが、護衛を増員したり出勤ルートを変えたりする判断には至らなかった。

遺族たちは、殺害計画が分かっていたのに事件を防げなかったことに対し、やりきれない思いを募らせている。中村医師のことを敬愛していた運転手ザイヌラが、移動中に襲われるかもしれないと知りながらハンドルを握っていた時の気持ちや、限られた装備で脅威への対応を任せられていた護衛マンドザイが、事件前夜に「子供を頼む」と妻に告げた時の無念さは、察するに余りある。中村医師たちを守り切れなかったことを、アフガニスタン当局はどう受け止めているのか。私は、これまで口をつぐんできた当局者への取材を試みた。

◉元州知事から送られてきた文書

中村医師の殺害事件では、アフガニスタン当局は一度も会見を開かず、情報を伏せてきた。２０２１年8月にはイスラム主義勢力タリバンによる政権崩壊が起き、捜査に関わった当局者の多くが国外に脱出。事件の全容解明はいっそう難しくなった。せめて捜査で分かったことだけでも記録しなければならないと思った私は、助手とともに当局者の行き先を調べた。安全な第三国に身を移した後なら、実名で取材に応じてくれるかもしれない。まず当局者の知人を捜し、その知人伝いに連絡先を調べていった。

事件を風化させないために、見聞きしたことを証言してほしい。そんな私たちの呼びかけに返事をくれた人がいた。州知事として事件の対応にあたったシャーマフムード・ミアヒル（63）。事件前から中村医師と付き合いがあり、事件後は合同捜査チームの人選に関わった人物だ。ガニ大統領の信任が厚く、後に国防副大臣も務めた。通話アプリのメッセージで、ミアヒルは「手元の文書を見返しておくよ」と約束してくれた。手元に何らかの文書があり、取材に向けて記憶を喚起しておくという前向きなメッセージだった。

ミアヒルは30代のころ、米メディア「ボイス・オブ・アメリカ」の現地記者として働いていたといい、英語が堪能だった。やりとりを続けるなかで、ミアヒルからこんな提案が

中村医師の遺体をヘリコプターでカブールまで運んだミアヒル＝2019年12月4日、ジャララバード、本人提供

寄せられた。「君に文書を送るから、読んでおくといい。事件のことがよく分かるはずだ。頭を整理した上で話をしよう」

私は送られてきた文書を読み込んだ。ミアヒルが事件直後にしたためた大統領側近あての報告や捜査関連の文書、業務日誌など計19枚。英語のものもあったが、ほとんどは現地のパシュトゥー語かダリ語で書かれていた。翻訳は助手にお願いした。大統領側近あての報告には、ミアヒルが州知事として職務上知り得た情報がまとめられていた。内容は次のようなものだった。

▽アフガニスタン情報機関は、中村医師を狙った殺害計画があることをつかんでいた。

▽アフガニスタン情報機関は、殺害計画の存在を中村医師側に知らせた。

▽アフガニスタン情報機関は、事件の2日前に中村医師のもとを訪ね、「脅威は消えていない」と伝えたが、事件を防げなかった。

◉警備の穴を指摘

これらの情報は、遺族らの証言と矛盾しない内容だった。文書からは、中村医師を守る警備態勢に不備があった可能性も読み取れた。アフガニスタン情報機関や警察、軍、州政府の合同捜査チームが事件後にまとめた6枚つづりの内部報告の文書は、次のように指摘していた。

▽アフガニスタン情報機関がつかんだ脅威情報を、ナンガルハル州警察本部は深刻に受け止めていなかった。
▽外国人の安全確保を担当する内務省の部署は、ナンガルハル州警察本部や情報機関に対して応援を求めていた（が応じてもらえなかった）。
▽周辺の検問は機能しておらず、犯行グループの逃走を許した。検問所の要員は普段から携帯電話の画面ばかりのぞいていた。

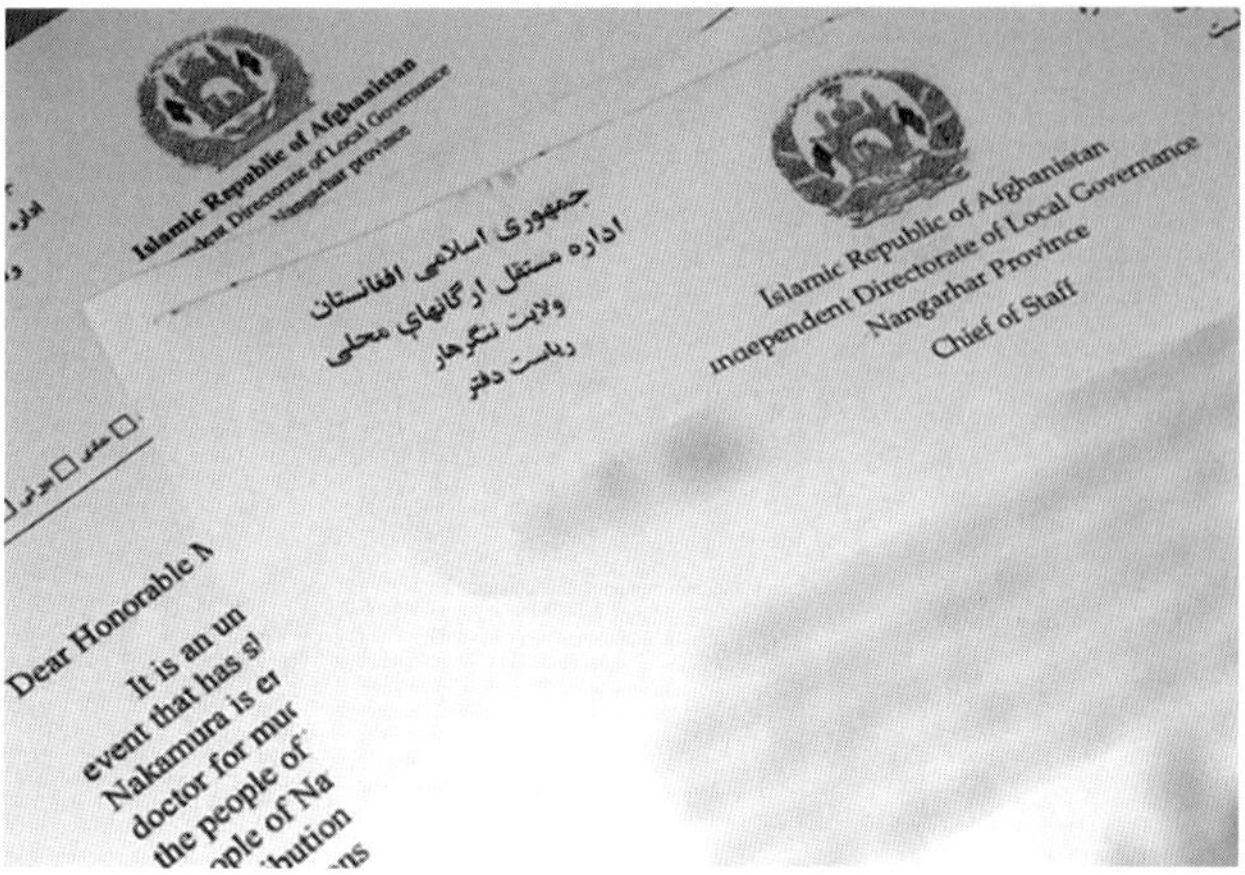

ミアヒルが残していた中村医師殺害事件に関する文書＝乗京真知撮影（画像の一部を加工）

こうした経緯が明るみに出れば、アフガニスタン情報機関や警察の責任を問う声が上がることは避けられなかっただろう。アフガニスタン情報機関や警察が情報開示に後ろ向きだった理由の一つと考えられる。業務日誌には、捜査に関わった高官でなければ知り得ない記載もあった。事件後の捜査で浮かんだ犯人像や、思いがけぬ捜査の失敗などが次のように記されていた。

▽犯行グループを束ねていたのは、パキスタンの武装勢力「パキスタン・タリバン運動」（TTP）の幹部のアミール・ナワズ・メスード（通称ハジ・ドバイ）。

▽首謀者からの報酬で動くアミールの犯行グループは、過去に現地メディア「エニカスTV」の経営者誘拐や上院議員の親族殺害に

関わった。
▽その後、アミールは首都カブールで別の事件を起こし、警備員に反撃されて死亡した。

ここで挙げられている情報はいずれも、別の取材先から得た情報と合致していた。別の取材先とは、アミールと親交があったＴＴＰメンバーたちのことだ。その内容が今回、捜査に関わったミアヒルの文書でも裏付けられた。

◉「移動中が危ない」

インタビューにあたり、ミアヒルは一つだけ条件を示した。それはミアヒルと家族の安全を確保するため、現在の居住地を記事で明かさないということだった。２０２１年10月12日夜、通話アプリでビデオ電話をかけると、居室の白い壁紙をバックにしたミアヒルが、べっこう柄のメガネ姿で応答した。ミアヒルは運転免許証を、私はパスポートを示し、互いに本人であることを確かめた。私は事件前の状況から聞いていった。

――ドクター・ナカムラの灌漑事業は、地元でどう受け止められていましたか？

「東部一帯でドクター・ナカムラのことを知らない人はいません。事業のインパクトは驚くべきもので、かつて砂と岩だらけだった土地が緑の大地に姿を変えました。木々が茂り、花が咲き、野菜が取れるようになりました。どれだけの家族や農場が救われたことか。モノだけではありません。ヒトの意識にも変革をもたらしました。地元の材料で、地元の人たちが、自らの暮らしを変えていけるということを気づかせてくれたのです」

――それほど敬愛されていたドクター・ナカムラにも危険が迫りました。

「（事件の1カ月前の）2019年11月3日のことです。アフガニスタン情報機関が脅威情報をつかみ、私も報告を受けました。アフガニスタン情報機関は、その脅威情報をドクター・ナカムラ側に伝えに行きました。特に移動中が危ないということを伝えました。そして『1カ月ほどアフガニスタンを離れた方がいい』とお願いしたんです」

――1カ月というのは？

「脅威の度合いは、1～2カ月で変わっていくものです。1～2カ月経つと状況が変わったり、別のターゲットに矛先が向いたりします。ドクター・ナカムラは日本に一時帰国していましたが、半月ほどでアフガニスタンに戻ってきました。アフガニスタン情報機関は急いでドクター・ナカムラのもとを訪ね、『まだ脅威が消えていない』と注意喚起しました。その2日後に事件が起きました」

――攻撃を防ぐことは難しかったのでしょうか？

「アフガニスタン情報機関は、首謀者は隣国パキスタンの治安機関だとみていましたが、首謀者が実際に現地の誰を実行犯として使うかについては分かっていませんでした。事件の後になって、実行犯たちを束ねていたのがアミールだということが分かったのです」

――しかし、アミールの逮捕には至りませんでした。

「アミールは複数の名前やＩＤを使っていましたので、所在がなかなかつかめませんでした。アミールの拠点を見つけ、極秘で捜索したこともありました。護衛数人を射殺したものの、アミールに逃げられてしまいました。アフガニスタン情報機関の態勢の問題もあります。情報機関は一つの地区に多くても８人くらいの要員しかいません。それでも事件は次から次へと起きます。一つの事件を追いかけるだけの人材や資金がないというのが実情です」

ミアヒルは、当局の責任をただす私の質問にも難色を示さずに答えた。自分が残した文書を手がかりに記憶をたどり、根拠を示しながら状況を振り返った。40分近く話したところで、私は残された謎について質問をぶつけた。

――殺害の動機をどう見ますか？

「動機は明白です。ドクター・ナカムラの灌漑事業は、クナール川の水を分岐させ、利用する事業です。この地域では水や川に関わる者には危険がつきまといます。クナール川の

クナール川の本流（左奥）の水を分岐させ、乾燥地へと流す用水路＝2022年6月7日、クナール州、乗京真知撮影

下流に位置する隣国パキスタンにとっては（流量が減る恐れがあるので）機微に触れる問題だからです。パキスタン（の治安機関）がアミールのグループを利用し、殺害計画を実行したと我々は見ています」

事件の背後に隣国の政治的な意図があったと指摘するミアヒルの見方は、ナンガルハル州の利権を握る政治家で元州警察長官のハズラット・アリが2020年1月のインタビューで語った見立て（第4章）と一致していた。私は中村医師が脅威にどう向き合っていたのかについても尋ねた。

◉「脅威は外からやってきた」

――ドクター・ナカムラは脅威について何と

語っていましたか？

「事件前に直接、ドクター・ナカムラに『気をつけてほしい』とお願いしたことがありましたが、ドクター・ナカムラは『自分はアフガニスタンの人々のために働いているのだから大丈夫だ』と事業継続への意欲を示しました。アフガニスタンに対する彼の愛は、それほど深いものでした」

――車を防弾仕様にする案は出なかったのでしょうか？

「ドクター・ナカムラは厳しい警備を好みませんでした。現地生活が長く、アフガニスタンの人々のことを深く理解し、土地に精通し、地元の言葉を話していました。自分に危害を加える者はアフガニスタンにいないと信じていたのです。その考えは正しかったのですが、実際に起こったことは想定を超えていました。脅威はアフガニスタンの中でなく、外からやってきたのです」


ミアヒルが言うように、中村医師は「まるごしの安全保障」をモットーとしていた。武装しないことが「もっとも安価で強力な武器」であり、「無用な過剰防衛はさらに敵の過剰防衛を生み、はてしなく敵意・対立がエスカレートしてゆく」（『アフガニスタンの診療所から』中村哲著、筑摩書房）という考えを持っていた。

現地のNGO関係者によると、中村医師は事件前に複数回、アフガニスタン情報機関員

中村医師に名誉市民権を授与することが決まり、お祝いしたミアヒル＝2019年、ナンガルハル州、本人提供

の訪問を受け、「差し迫った脅威情報があります。事業を一時休止するか一時帰国を」とお願いされたが、一貫して「私は怖くない。自分の仕事を続けるだけだ」と答えていたという。普段あまり顔を見せない情報機関員が、野外の事業地にまでやって来て、説得にあたるのは珍しい。中村医師はＮＧＯのスタッフたちに対し、「私は休まないが、脅威情報が気になる者は仕事を休んでも構わない」と気遣いの言葉を掛けていたという。

２時間にわたるミアヒルへのインタビューの最後に、私は捜査の見通しについても聞いた。

――タリバンが政権を崩壊させ、権力を握りました。捜査はこれからどうなっていくと予想しますか？

「タリバンは権力を握った後、アミールと同じTTPのメンバーたちを刑務所から逃がしました。いまごろ捜査資料はタリバンによって処分されていることでしょう」

ミアヒルも私と同じように、事件の風化を心配していた。だからこそ実名でインタビューに応じたのだと、ミアヒルは強調した。

「実名で語ることにはリスクがともないます。それでも私は一人の人間として、記録を残す務めを果たしたいと思い、話すことにしました。ドクター・ナカムラの身に何が起きたのかを、ドクター・ナカムラに対して地元の人たちがどれだけ感謝しているかを、アフガニスタンを長く支援してくれた日本の人たちに伝えたいからです」

私は、ミアヒルの証言を一言も漏らすまいと、メモ帳に書き留めた。託された思いを、日本の読者に届けたかった。「記録を残す務めを果たす」。その言葉は、ペンを握る私の胸に重く響いた。

第6章◉政権崩壊の余波

◉捜査員が国外に脱出

中村医師殺害事件の捜査に影を落とす事態が、アフガニスタンで2021年8月に起きた。「テロとの戦い」を掲げて約20年間駐留してきた米軍が撤退にかじを切り、米軍に頼ってきたガニ政権が弱体化。イスラム主義勢力タリバンが勢いづき、8月15日に首都カブールを制圧した。ガニ政権は崩壊し、高官や捜査幹部は国外脱出。殺害事件の捜査は止まってしまった。殺害の容疑者アミール・ナワズ・メスードはタリバンとつながりのある武装勢力のメンバーだったこともあり、タリバンが捜査を引き継がずに、放置するおそれが出てきた。

20年ぶりに権力を掌握したタリバンは、中村医師の事件をどう扱うつもりなのか。私は2021年9月、タリバンに複数いる報道担当者のうち、英語が話せるスハイル・シャヒーン幹部にインタビューを申し込んだ。くしくもインタビューは、米軍がアフガニスタンを空爆し、タリバンが2001年に政権の座を追われるきっかけになった米同時多発テロから、20年の節目にあたる9月11日に設定された。シャヒーン幹部はアフガニスタンではなく、中東カタールにある外交事務所にいた。通話アプリで電話すると、トレードマークの黒いターバンを巻き、長いあごひげを蓄えたシャヒーン幹部が応答した。タリバンの新閣僚人事や女性の人権問題など聞かなければならないことはたくさんあったが、私は事件の質問から始めた。

ガニ政権崩壊　米国暮らしが長く、学者出身のガニ大統領の政権基盤は、2014年の発足当初からぐらついていた。米国の支援で大統領選を2度競り勝ったが、政敵と溝が深まり内政がまひ。意に沿わぬ閣僚を次々と更迭した。汚職を排除できず、国際援助が賄賂となって消えた。軟弱な政権を尻目に、タリバンは着々と地歩を固めた。自爆テロを用いて政情不安をあおる一方、自らの支配地域では厳格な罰則で治安を引き締め、支持を得た。米軍や政府軍の誤爆のたびに、親米政権打倒を掲げるタリバンの大義が一定の説得力を持った。ガニ大統領は後ろ盾だった米国とも関係が悪くなった。停戦交渉にあたり米国は、タリバンに権力を分けて政治に引き込む案をガニ大統領に提示したが、ガニ大統領は手にした権力を離さなかった。政府高官によると、ガニ大統領と米特使が執務室で怒鳴り合い、米特使が「タリバンの方がよほど話が通じる」と憤激した場面もあったという。米国はかたくななガニ大統領を、半ば見捨てるような形で米軍撤退を進めた。国内で政権を支える機運はしぼみ、州知事や長老は政権の存続より、衝突の回避を優先してタリバンに従った。ガニ大統領が国外脱出すると、政敵たちが次々に非難声明を出した。利害が複雑な多民族国家を、ガニ大統領は束ねることができなかった。代わりに多民族国家を武力で支配していたタリバンが権力の座に戻った。

タリバンのシャヒーン幹部＝2019年2月、モスクワ

——ドクター・ナカムラのことはご存じですね？

「もちろんです。ドクター・ナカムラはアフガニスタンの人々のために働いてくれました。彼が我々の支配地域に入るときは、安全に活動ができるように協力してきました」

——残念なことに2019年に殺害されました。

「事件は我々の支配地域で起きたわけではありません。事件現場のジャララバードは当時、アフガニスタン政府の支配下でした。我々は殺害を非難する声明を出しました」

——犯行への関与を否定する声明でした。

「その通りです。ドクター・ナカムラは（米軍などの）占領者とは異なる立場で活動し、我々はそれを歓迎してきました。人々のため、国づくりのために尽くした特別な存在でした」

――これから捜査はどうなるのでしょうか？

「今はまだ政権崩壊による混乱が続いていますが、この混乱が落ち着けば、真犯人の逮捕に向けて再捜査します。（警察を所管する）内務省が捜査にあたります」

――ドクター・ナカムラのＮＧＯや日本の支援機関の活動を認めますか？

「慈善活動や復興事業を続けられるようにＮＧＯと協力し、安全確保に努めます。我々は外国政府や機関と良好な関係を築きたいと思っています。人々は貧困や失業に苦しんでいます。日本が力を貸してくれることを願っています」

シャヒーン幹部は、長い戦いで荒れた国を立て直すには外国の支援が欠かせないと強調した。穏健な姿勢をアピールする背景には、タリバンがかつて政権を握っていた時代（１９９６～２００１年）に国際社会で孤立し、国家運営に行き詰まった苦い経験がある。しかも今回、力ずくで権力を奪ったタリバンへの風当たりは強く、正式な政府として認めようとする国はなかった。タリバンの広報を担うシャヒーン幹部としては、中村医師の功績をたたえ、事件を放置しない姿勢を示すことで、日本の関心を引きつけておきたい思いもあったのだろう。

◉塗りつぶされた肖像画

ただ、タリバンは一枚岩ではない。シャヒーン幹部のように長年続く日本の支援に感謝する穏健派もいれば、日本を含む外国を一緒くたに敵視する強硬派もいる。内部には地縁や血縁にもとづく派閥があり、それぞれが異なる考え方を持っている。中村医師が殺害された時、タリバン支持者の中にはSNS上に心ないメッセージを書き込む者たちもいた。「攻撃万歳」「異教徒は支援をかたりながらイスラム教徒に近づき、信仰心をそいできた」。事件が起きた東部やタリバンの本拠の南部では、外国人を「異端者」と呼んで毛嫌いし、攻撃を正当化する者が少なくない。それは対テロ戦の名のもとに空爆で村人たちを苦しめてきた外国部隊への反発の表れでもある。

私がシャヒーン幹部と話し合っていたころ、首都カブールではシャヒーン幹部の言葉を打ち消すようなことも起きていた。中村医師を追悼するために描かれた有名な壁画が、タリバンによって白く塗りつぶされてしまったのだ。カブール中心部の交差点にある壁には、日の丸をバックに、赤い花をつけた木を眺める中村医師の横顔が描かれていた。そこには「大地に優しさや愛の種をまくのはいいが、問題の種をまいてはいけない」という趣旨の言葉も添えられていた。ところが、2021年9月初めごろから、街の壁画が消され始め

肖像画の壁（上、2020年1月撮影）が白く塗りつぶされた（下、2021年9月撮影）

た。中村医師の横顔も白く塗られ、その上に黒いペンキで「独立おめでとう」とタリバンの復権を祝う言葉が書かれた。近くにある壁画も同時に消されたので、中村医師の横顔だけが塗りつぶされたわけではない。だが、人道支援に尽くした中村医師の追悼と平和を願う絵よりも、タリバンをたたえる標語が優先される時代に移ったことは、現地の人道活動家たちを悲しませた。

◉カブールで感じた異変

政権崩壊から約3カ月後、私は人事異動で東京に戻ったが、捜査の行方や市民の暮らしぶりを確かめるために、再び現地入りする機会を探った。そして、2022年5月下旬から2週間あまり、タリバンが支配するアフガニスタンに入った。

振り返れば、私がアフガニスタンを初めて訪問したのは、イスラマバード支局長になった2016年夏だった。自爆攻撃が多い首都カブールの3階建ての「セレナ・ホテル」で、寝付きの悪い夜を過ごした。いつでも窓から逃げられるように、枕元にロープを置いて寝た。もう一つの定宿の国営「インターコンチネンタルホテル」は、2018年1月に襲撃された。食堂でよく顔を合わせたウクライナ人航空会社社員ら少なくとも22人が殺された。当時、自爆攻撃や襲撃を起こしていたのはタリバンだった。そのタリバンが米軍の撤退にともなって政権を倒し、国を支配するようになるとは、想像もしていなかった。

そして今回、17回目の渡航で見た国は、大きく様変わりしていた。まず変化を感じたのは、空港のターミナルだった。ターミナルは日本の支援で建てられたもので、以前は日本国旗がはためいていたが、取り外されていた。代わりにタリバンの白い旗が、あちこちに掲げられていた。

セレナ・ホテルのゲートに立つタリバン戦闘員＝2022年5月27日、カブール、乗京真知撮影

民間旅客機はターミナルに数機しか止まっていなかった。かつて滑走路脇に並んでいた米軍ヘリはもちろんない。政権崩壊の際、国外に逃れようと滑走路に押しかけた群衆の映像が記憶に新しい。だが、今は何もなかったかのように静まりかえっていた。ターミナルの外も様子が違った。出口に長髪のタリバン戦闘員が5人ほど立っていた。いずれも20歳前後の若者たちで、自動小銃を肩に掛け、こちらをじっと見ていた。

空港からセレナ・ホテルまでは車で約30分。スピードが緩む交差点では、物乞いの子供たちが窓をノックした。道の両脇には果物や古着を売る露店が並んでいたが、人通りがずいぶん減った。セレナ・ホテルに着き、身体検査や手荷物検査を受けた。相変わらずの厳しい警備だが、違和感があった。警備していたのは民間警備員ではなく、タリバンだった。

これまでセレナ・ホテルは、タリバンの襲撃を防ぐために厳重に守られてきた。土色の高い塀や分厚い金属製の扉で敷地を囲い、爆発物をかぎ分ける犬を飼っていた。それでも警備の隙を突かれ、過去に2度襲撃された。そのホテルを今、タリバンが守っている。タリバンと友好関係にある中東カタールが、ホテルの中に大使館を移転させたからだという。地方から派遣されたタリバン戦闘員約30人が、3交代で見回っている。

ゲートを担当する戦闘員の一人は、私にこう言った。「爆発物を持っていないだろうな? 何か起きたら俺が責任を問われるんだ」。私は助手と顔を見合わせた。役所や市場、学習塾などを次々に爆破し、罪のない人たちを巻き添えにしてきたのはタリバンじゃないか。そう言い返したかったが、ぐっとこらえた。

タリバン復権後に各国が現地大使館を閉鎖し、支援団体が相次いで撤退したことで、人々の暮らしはいっそう厳しくなっていた。もともと国家予算の約5割を国際支援でまかなってきた国でもある。特に影響が大きいのは、タリバンと対立する米国による制裁だった。米国が同国内にあるアフガニスタン中央銀行の資産を凍結したことで、タリバン暫定政権は金欠に陥った。銀行に現金がなくなり、引き出しに制限がかかるようになった。市民が引き出せるのは、週に200ドルから300ドル程度(2万5000〜3万8000円)。この引き出し制限のせいでスタッフへの給料が払えず、廃業に追い込まれる店や病院が相次いだ。公共事業は止まり、貧困層が頼みにしてきた日雇いの仕事も無くなった。生活費を工面するため、道ばたでソファや敷物を売る人たちが増えた。将来を憂い、医師や教師、技術者などが次々に国外に脱出した。

　政権崩壊によって憲法や議会、司法制度は無効化された。代わりにタリバンが独自に解釈したイスラムの「掟」が復活した。あるべき服装やひげの長さに加え、女性が1人で移動できる距離の上限まで定められた。東部の州政府幹部だった知り合いの男性は、待ち合わせ場所に白いターバンを巻いて現れた。どうしたのかと聞くと、「タリバンの服装に寄せている。こうすれば職務質問を受けない」と答えた。殺害予告を受けたことがあり、外出時は目立たないようにしているのだという。男性に政治の見通しを聞くつもりが、逆に問われた。「あと何年、この息苦しさが続くんだろう」

　折からの干ばつと物流の停滞で、主食ナンの原料の小麦粉は、最大で5割ほど値上がり

タリバンの「約束」と実際に起きていること

国連の報告などから

	「約束」	実態
教育	イスラム法が許す範囲内で女性は通学できる	女子中高生の通学認めず。大学は原則的に男女別学、女性は顔を覆う布の着用義務
治安	殺人やテロを許さず、国民の安全を守る	タリバンが全土制圧し戦闘は激減したがISのテロが増加
経済	荒廃した国土の復興と貧困の解消を目指す	国際送金が滞り銀行の現金が不足。物価上昇や失業が深刻化、公務員の給料未払い続く
就労	イスラム法が許す範囲内で女性は就労できる	保健・教育分野を除く女性公務員に自宅待機命令。国営テレビの女性キャスター降板
医療	国際支援を受け、物資を国民に届ける	資金難で医療施設の約9割が閉鎖危機。食糧難で子供が栄養失調に。新型コロナの感染拡大
音楽	立場明示せず	南部でラジオ音楽禁止。著名歌手を殺害した疑い。女子楽団のメンバーが国外脱出
報道	批判的な報道も許す	取材中の記者を連行し暴行。国営テレビから女性排除。報道機関の大半が休業

政権崩壊から半年後の状況

した。街角のナン屋は、タリバン暫定政権から値上げを禁じられたので、サイズを落とすしかなくなった。首都カブール東部にあるナン屋のムハンマド・アシフ店主（50）は「1枚10アフガニ（約14円）は変えられないので、185グラムから115グラムに減らした。客には申し訳ないが、どうしようもない」。物乞いの子供たちがナンを恵んでもらおうと、店先のガラス戸を何度もノックしていた。首都中心部でモモやサクランボを売る露天商（43）は「果物が豊富なこの時期は、昔なら売り上げが日に5000アフガニ（約7000円）以上あったが、今は日に500アフガニ（約700円）あるかどうか。その上、このエリアを担当するタリバンは月4500アフガニ（約6400円）を上納しろと言ってくる。やつらは貧乏人から金を吸い上げてるんだ」と憤った。

◉無給で働く戦闘員

タリバン暫定政権が唯一、実績としてアピールできるのは、治安の改善だった。国連アフガニスタン支援団（UNAMA）の統計によると、2010～20年には多い時で1日平均70件ほどの戦闘や爆発が起き、毎年3000人前後の市民が命を落としていたが、政権崩壊後は激減した。爆発を起こしていたタリバンが、治安を守る側に回ったのだから、減るのは当然なのだが、タリバン暫定政権は「街から犯罪が消えた」と主張していた。

警察の車（右奥）を乗り回し、検問に立つタリバン戦闘員ら＝2022年5月30日、カブール、乗京真知撮影

カブールの主要な道路や交差点では、数百メートル置きにタリバン戦闘員が検問に立っていた。車を止め、中をのぞき込み、私たちに命じた。「外に出ろ」。私と助手は身分証を差し出し、両腕を上げた。身体検査が終わるまでは動けない。抵抗すれば撃たれかねない。戦闘員の一部は、旧政権軍が残した迷彩服を制服代わりに使っていた。タリバン暫定政権の内務省によると、検問に立つ戦闘員の数は「首都だけで4万人」。各州のタリバン部隊が順番に人を送り込んでいるという。

タリバン暫定政権が首都の守りを固めるのは、ライバル関係にある過激派組織「イスラム国」（IS）がモスクなどで自爆テロを起こしているからだ。混乱に乗じて都市にアヘンや大麻を運び込む密売人の車もある。IS関係者や犯罪者だと疑われないよう、市民の多くは言われるがまま、身体検査や手荷物のチェックを受けていた。

２０２２年５月30日、街の様子を記録に残すため、首都中心部で検問中の戦闘員に声を掛けた。最初に話したのは、大統領府近くの交差点にいた戦闘員ムハンマド・シャフィーク・マラン。南部ウルズガン州出身で、部下15人と交差点を見張っていた。年齢は「20歳から30歳くらい」で独身。戸籍制度が根付いていない地方の出身者には、誕生日を知らない人も多い。マランによると、タリバンに参加したのは、幼いころに駐留米軍に実家を爆撃され、親戚３人が亡くなったのがきっかけだった。両親に「危ないことはやめて」と頼まれたが、思春期を迎える前にタリバンに加わり、「多くの米兵を殺してきた」という。マランは「何人殺したか見当も付かない」と話し、表情を暗くした。「俺は銃が好きじゃない。ほら見てくれ。今も俺は銃を身につけていないだろ。米兵が夜襲作戦と称して、何の罪もない村人を虐殺しに来ていた。だから、その手前で村を守っていただけだ。毎晩、仲間５人と配置につき、夜襲に備えた。好んで戦ったわけじゃないんだ」。戦闘がやんだ今、やりたいことはないのかと尋ねると、迷わず「結婚したい」と答えた。「田舎には親が選んだ婚約者がいる。まだ一度も会ったことがない。首都を守ることも立派な聖戦だから、結婚を優先するわけにはいかない。あと何カ月続くか分からないが、任務を全うして帰りたい。それまで婚約者は、待ってくれているはずだ」

数ブロック歩き、イラン大使館の前に差し掛かった時、迷彩服の戦闘員に呼び止められた。また身体検査かと思っていると、戦闘員は右手を差し出し、握手を求めてきた。首都の北隣のパルワン州出身のクドゥラトゥラ（31）。パルワン州は駐留米軍の巨大な基地があったところだ。クドゥラトゥラは、その米軍を追い出すため、1990年代に内戦を戦った父にならって11歳のころタリバンに入ったという。クドゥラトゥラは、タリバンに対する「誤ったイメージ」を捨ててほしいと語った。「我々は『テロリスト』『殺し屋』と呼ばれ、外国から怖い組織だと見られてきた。でも、現実を見てほしい。この国にいる全ての人が安全に暮らせるように、自分もこうして検問に立っている。アフガニスタンを、イスラム法にのっとった、何のいさかいもない、平和で結束した国にするのが、自分の夢だ」と力説した。外国人を狙った犯罪や、少数派の迫害を止めない限り、渡航者は増えないだろうと私見を伝えると、クドゥラトゥラは中村医師の事件のことに触れ、「申し訳なかった」と謝った。「アフガニスタンのために偉大な仕事をしてくれた彼が殺害されたことは、本当に気の毒だった。全ての（タリバンの）メンバーが、事件のことを聞いて悲しんだ。渡航者の安全に責任を持つので、どうかアフガニスタンを助ける活動を続けてほしい」と訴えた。

愛想のいい戦闘員ばかりではなかった。夕刻、南部ザブール州出身のタリバン部隊が担当する交差点に行き着いた。私と助手が路上で部隊長をインタビューしていると、周りに部下たちが集まってきた。部下たちは、私が英語で質問し、助手がパシュトゥー語に訳す

歩道に座って休むタリバン戦闘員ら＝2022年5月30日、カブール、乗京真知撮影

のを横で聞いていたが、そのうち「なぜこいつらは英語が話せるんだ？」「米軍の通訳だったんじゃないか？」と話し始めた。私と助手は、部隊長が部下をたしなめてくれるだろうと思っていたが、部下につられて部隊長の表情もこわばってきた。部下の一人が、これまで下ろしていた自動小銃の銃口を空に向けたところで、私と助手は離脱を決め、部隊長に感謝を伝えた上で、急いで宿に引き揚げた。

街で出会った戦闘員たちは、警察署やコンテナで雑魚寝しながら任務に就いていた。食事は主食のナンや豆の煮込みが内務省から提供されていたが、ほとんどの戦闘員は「給料をもらっていない」と話した。「聖戦のためだから給料は関係ない」と語る者もいれば、「携帯電話代を親に払ってもらっている」とこぼす者もいた。末端戦闘員の場合、若者の月給は3000円ほど、ベテランで有能でも2万～3万円ほどと言われているが、タリバン暫定政権は給与を支払うための財源がない。戦闘員だけでなく、公務員にも未払いが続いているので、タリバン暫定政権は中央銀行の倉庫にあった廃棄予定の古紙幣を持ち出し、配り始めた。それによって貨幣の価値が一層下がり、インフレが助長される結果となった。

◉動物園も大学も男女別々

戦闘員の中には、農村出身で「首都に初めて来た」と語る者が目立った。非番の日に仲間と動物園や公園に出かけたり、夜の街でマンゴー味のソフトクリームを食べたりしていた。つかの間の都会暮らしだが、電気や水道が通っていない農村と比べると、考えられないような贅沢だ。市営の動物園「カブール・ズー」の入場料は、1人30アフガニ（約42円）。非番の戦闘員たちは入場料を払わずに、羊の紋章があしらわれたゲートをくぐり抜けていた。一方、乗り合いタクシーでやって来た家族連れは、ゲートを見張る戦闘員に追い返されていた。「男女一緒には入れない。女性は水曜と日曜だけだ」。公共スペースで親子が憩うことさえ許されないと知り、家族連れはあきれ顔で帰って行った。結果、園内にいるのは戦闘員ばかりに。4～5人ずつのグループになって、ライオンやラクダ、シカなど350頭ほどの動物を見ていた。柵を乗り越えてクマに近づいたり、ヘビの飼育ケースをこじ開けたりする「度胸試し」を動画に収めるグループもいた。

私が柵の向こうのバイソンにカメラを向けていると、横から南東部パクティカ州出身の戦闘員ハフィズ・バドリ（23）が「どこから来たの？」と声を掛けてきた。日本から来たと伝えると、「日本人は律義で器用だと聞いている。フレンドリーな外国人は大歓迎だ」と笑顔を見せた。隣にいた戦闘員アブドル・ハマド（21）も近寄ってきて、「トラを見たくてここに来たんだが、残念なのは今日が男性限定の日で、1歳になる娘と妻を連れて来られなかったことだ」と話した。その制限を設けているのは君の所属組織じゃないかと言うと、気まずそうな顔で「今だけだと思う。政権崩壊後の混乱が収まれば、解禁してくれると願っている」と答えた。彼らの求めに応じて記念撮影し、別れる時、ハマドが「念のためだが、日本は（アフガニスタンに駐留し、タリバンと戦ってきた）ＮＡＴＯ（北大西洋条約機構）には入っていないよな？」と聞いてきたので、私は「もし日本がＮＡＴＯに入っていたら、僕のことを嫌いになるのかい？」と聞き返した。先ほど話したジェンダー観のように、自分と所属組織の考えが食い違うこともあると知っている彼には、相手が属する国や、その国が属する組織によって、敵か味方かを決めつけないでほしいと伝えたかった。タリバンの中には外国籍というだけで、敵とみなす者も少なくないからだ。ハマドはこちらの意図を察してか、こんな風に言葉を補った。「君を嫌いになんてならないよ。自分が言いたいのは、アフガニスタンに攻めてこない国の人なら、喜んで心を開きたいと

カブール大学には、女性に対し、体を布で覆うよう求める貼り紙があった＝2022年6月1日、乗京真知撮影

いうことだ。どの国の人とも仲良くなりたい」

そんな会話をしている横を、背中が曲がったシャー・バラート飼育員（64）が通りかかった。バラート飼育員は、荷車に牧草アルファルファを山積みにし、シカの飼育場まで押していった。途中、園内で悪ふざけする戦闘員を叱り飛ばしながら、勤務約40年の歴史を振り返った。「1990年代の内戦の時が一番つらかったよ。動物園が戦闘の前線になり、多くの動物が餓死していった。内戦が終わり、少しずつ動物が増え、やっと家族連れが増えてきたのに、今度はタリバンが来て、女性や子供を排除した。寂しくなったよ」

タリバン暫定政権は、発足時の記者会見で「イスラム法に反しない範囲」で女性の権利を守ると約束した。だが問題は、その「範囲」がタリバン次第でいかようにでも狭められる点にあった。特に深刻なのは、女性が教育を受けにくくなったことだ。一時閉鎖していた大学は再開したが、女性には様々な制約が課せられた。

2022年6月1日、最高学府の国立カブール大を訪ねると、門の脇に貼り紙があった。「あなたにとって良い服装」と書かれ、女性が全身を布で覆う衣装「ブルカ」の写真が添えられていた。貼り紙にカメラを向けると、門を警備するシャムスという名の戦闘員(21)が出てきて制止した。「今日は女性の通学日だ。男性は帰りなさい」

共学だったカブール大は、政権崩壊後に男女別学にされた。男女で週3日ずつ通学日を分け、女性は男性講師の授業を原則受けられなくなった。門から離れたところで女子学生に声を掛けた。ザイナブと名乗る理系の女性(22)は、周りを気にしながら携帯電話を取りだし、「番号を教えます。あとで連絡を」と言って去った。私がメッセージを送った翌日に、英語で返事があった。ザイナブは「構内は停電が多く、ネットもつながらなくなりました。文献も足りていません」と問題点を挙げた。一番の心配は、所属学部で「女性の教官が2人しかいない」ことだという。大学の教官の多くが国外に脱出し、戻ってきていない。女性教官が一段と減ったことで、学部の女子学生は週に7コマしか受講できていないという。

男子学生の話も聞こうと、大学の正門で経済学部3年のムヒブラ・マイハン(21)に声をかけた。将来どんな仕事に就きたいか尋ねると、携帯電話の画面を見せてきた。そこには迷彩服を着て、銃を構えている写真が映っていた。「僕の本業は（タリバンの情報機関）GDIだ」。その後、マイハンは定期的にSNSで連絡してくるようになった。「どこ?」（6月4日）、「何してる?」（7月2日）。外国人を監視する目的か、特別な気遣いか、真意は分からない。確かなのは、GDIは至るところに情報収集役を配置している、ということだ。

◉タリバンが決める「善と悪」

タリバンの支配下で恐れられているものの一つに、「勧善懲悪省」という組織がある。タリバンが示したルールが守られているか、人々を監視して取り締まる部署だ。1996〜2001年の旧タリバン政権時代には、公開処刑もいとわぬ「宗教警察」と恐れられ、人権抑圧の象徴として国際的な批判を浴びた。勧善懲悪省の職員は医者が羽織るような白衣を着ているので、迷彩服姿の戦闘員と見分けがつきやすい。いったい何が禁じられ、何が許されているのか。勧善懲悪省を訪ねて、直接聞いてみることにした。

勧善懲悪省の庁舎は、首都カブール南部の博物館の近くにあった。2021年夏に省が復活したときは、同じころ解体された女性問題省の跡地に入っていたのだが、その後、移

勧善懲悪省のアキフ報道担当幹部＝2022年5月31日、カブール

転した。手荷物検査の後、高さ3メートルほどの塀に囲まれた敷地に入ると、広い駐車場の先に4階建ての建物があった。拳銃を腰に下げた若い職員の案内に従って、3階に上がった。サムスン製のエアコンがある部屋で1時間ほど待つと、ムハンマド・サディク・アキフ報道担当幹部（通称アキフ・ムハジル）が入ってきた。アキフ幹部は執務机の椅子に腰掛け、こちらを見つめた。私は助手に通訳を頼みながら、組織の人員や役割、そして彼らが考える「善」「悪」とは何かについて、聞いていくことにした。

——勧善懲悪省には何人のスタッフがいるのですか？

「7000人強です。全ての州と、その下の地区に事務所があります。苦情を受け付ける部署もあります」

——組織の役割を教えてください。

「善い行いを広め、悪い行いをなくし、シャリア（イスラム法）が完全に守られた社会を実現するのが役割です」

——悪い行いとは？

「（少年を性的に搾取する）バチャバジや不貞行為、飲酒、汚職、薬物の使用などが悪い行いです。これらを無くすために働いています。バチャバジは、以前はよく行われていましたが、我々（タリバン）が権力の座に戻ってからは減ったはずです」

——では逆に、善い行いとは？

「具体例を挙げましょう。まず女性が（ヒジャブやブルカで）顔などを覆うことです。そして礼拝も大事です。我々は、この社会でないがしろにされてきた女性の相続権を守ろうと取り組んでいます。また、夫を失った女性は夫の兄弟などの妻になるよう求められることが多いのですが、これを無くし、女性の選択を尊重するようにと呼びかけています」

——なぜ女性はヒジャブなどで顔を覆わなければならないのでしょうか？

「それは、女性を（夫以外の男性からじろじろ見られないよう）守るためです。女性の尊厳を守っているのです。夫だけが妻の美しさを眺める権利を持っているのです」

——夫の権利のために、妻は顔を覆わなければならないと？

「そうです」

──女性がそれを拒んだとしたら？

「勧善懲悪省が夫や父親ら身内の男性に連絡し、命令を守らせるよう指示します」

──それでも拒んだら？

「2度目の違反は、身内の男性を庁舎に呼んで警告します。3度目の違反は、身内の男性を3日間、牢屋に入れます。4度目の違反は、身内の男性を裁きにかけて、刑罰を与えます」

──女性は何歳から顔を覆わなければならないのですか？

「思春期を迎えたら、です。人によって11歳だったり、13歳だったり、まちまちです。それまでは顔を覆う必要はありません。また、年老いた女性は顔を覆う義務がなくなります。

──年老いたかどうかの基準は？

「女性の見た目によります。年寄りに見えるようになったら、です」

──勧善懲悪省は権力を掌握してから10カ月の間に、ヒジャブのほかに少なくとも七つのお触れを出しています。女性の長距離移動についても命令を出していましたね？

「女性が1人で出歩けるのは、78キロ未満としました。それ以上の距離を移動する場合は、身内の男性と一緒でなければなりません」

──78キロというのは？

ブルカを着て市場を歩く女性（右）ら＝2022年5月28日、カブール、乗京真知撮影

「女性に1人で3日以上歩かせてはならないという教えがあります。学者たちによると、女性が3日間で歩ける距離というのが78キロくらいなのです。だからと言って、女性が長距離移動をできないわけではありません。身内の男性が一緒であれば許されます。女性は体が強くないですから、身内の男性が付き添う必要があります。イスラムは女性に対して、身内の男性を付き添わせる特権を与えているということです。イスラム教の他に、そんな特権を与えている宗教がありますか？　特権は他にもあります。夫は、妻に住む場所と食べ物、着る物を与えなければなりません。たとえ妻の方が裕福でも、です。これほど多くの権利を女性に与えている宗教はありません」

——その権利を拒む女性もいるでしょう。身内の男性に付いてきてほしくない場合はどうするのですか？

「それはできません。なぜなら勧善懲悪省は、すでに旅客運送業者に対して、身内の男性が付き添っていない女性を乗せないように指示しているからです。実際、女性たちはルールをよく守っています。占領者（駐留米軍などの外国部隊）と戦うため、自爆攻撃に及んだ女性だっているのです。女性は、戦場のムジャヒディン（イスラム戦士）のために昼夜、食事を用意するなどして支えてきました。過去20年の間に（外国に）洗脳され、影響された女性たちもいるかもしれませんが、現実をよく見ればルールに納得するはずです」

◉女子の通学「解禁すべき」

アキフ幹部は意外なことに、女性の教育についてタリバン暫定政権の方針と異なる見解を示した。内部でも意見が割れている様子がうかがえた。

――タリバンが（中高生の年次にあたる）女子生徒の通学を認めない理由は何ですか？

「この問題は、上層部や教育担当部局が決めたことです。勧善懲悪省が通学を認めていないわけではありません。私は近いうちに、女子生徒の通学が解禁されるのではないかと思っています」

――あなたは個人的に、女子生徒の通学が認められるべきだと考えているのですか？

「そうです。女子には学ぶ権利があります。学校は再開されるべきです。私は上層部が、男子と同じように女子にも教育を受ける権利を与えると信じています」

――男性のひげについても見解を。

「私が知る限り、過去の預言者や、その仲間、聖職者はみな、あごひげを伸ばしていました。あごひげを伸ばすことによって、あごひげをそっている異教徒たちと区別が付くようになると、預言者は言っていました。そもそも、あごひげをそる行為の発端は同性愛です。男性が男性に好かれようとする時に、あごひげをそるのです」

――（5ミリほどに切った）私のあごひげは？

「駄目です。短く切りそろえては駄目です。切るとしても、あごひげを手のひらで握った場合に、小指の側に余って出た分くらいなら、切ることは許されます」

――ひげが薄い人だっているでしょう。

「濃い、薄いの問題ではありません。薄かったとしても、伸ばし続ければいいのです」

――イスラムの教えでは、男性は最大4人の女性と同時に結婚できるとのことですが、最近、タリバンは重婚を禁じる命令を出しましたね。

「あの命令は、一般市民ではなく、（タリバンの）幹部に向けて上層部が出したものです。重婚にはお金がかかるのですが、これまで質素に暮らしていたはずの幹部が、権力を握った途端に重婚を始めたら、賄賂や裏金をもらっているからだと国民から疑われるでしょう。国民の信用を得るための命令です」

――ガニ政権の崩壊に伴って、たくさんの政権幹部が国外に脱出しましたが、その家をタリバン幹部が没収し、勝手に住み着いているとの情報が多数あります。

「そういったことがあるなら、勧善懲悪省の窓口に来て、苦情を申し立てることができます。国外に出た人の家やその家財を守るために、一時的に（タリバンの）構成員が住んでいることもあるかもしれませんが、それは没収ではなくて、保護です」

――ある幹部（実名）は、実際に他人の家に住み着いていますよね？

「彼は（家を没収したのではなく）借りているのでしょう」

約1時間に及んだインタビューの最後、アキフ幹部は「日本へのお願い」を口にした。

「日本はアフガニスタンと同じように、米国と戦った歴史を持っていますね。米国は原爆まで用いて攻撃しました。それなのに日本は、国を立て直し、強さを取り戻しました。アフガニスタンも今、国を再建しようとしています。どうか力を貸してください」

日本や欧米各国は、支援を再開する前提として、女子教育の再開や少数派の尊重などを求めているが、タリバンは応じていない。かたくなな姿勢を貫くタリバンを、正式な政府として承認した国は、まだ一つもない。

◉しわ寄せは女性に

タリバン統治下の苦しみを最も切実に感じたのは、現地NGO「Your Voice Organization」（YVO）のサビルラ・メムラワル代表（46）の活動に同行した時だった。活動地は中村医師が拠点としていた東部ジャララバードから南東に車で1時間半ほど走ったロダット地区。畑は乾燥でひび割れ、やせた牛が日陰で寝そべっていた。

2022年6月9日、YVOは最貧層の女性ら172人を助けるため、日本の認定NPO法人「ピースウィンズ・ジャパン」から送られた資金を元手に、食料費として1世帯あたり1万6000アフガニ（約1万5000円）の現金を緊急配布した。女性たちが待機する地区の建物に、明かりはついていなかった。薄暗い部屋をのぞくと、30歳くらいだという女性ウズラが立ち上がり、か細い声で私に話しかけてきた。「今日は何も口にしていません。食べ物が尽きて、これで3日目です」。2年前にタリバンとの戦闘で警察官の夫を亡くし、娘7人と息子3人を育ててきた。親戚の男性たちが軒並み失業し、家計が回らないと涙を流した。

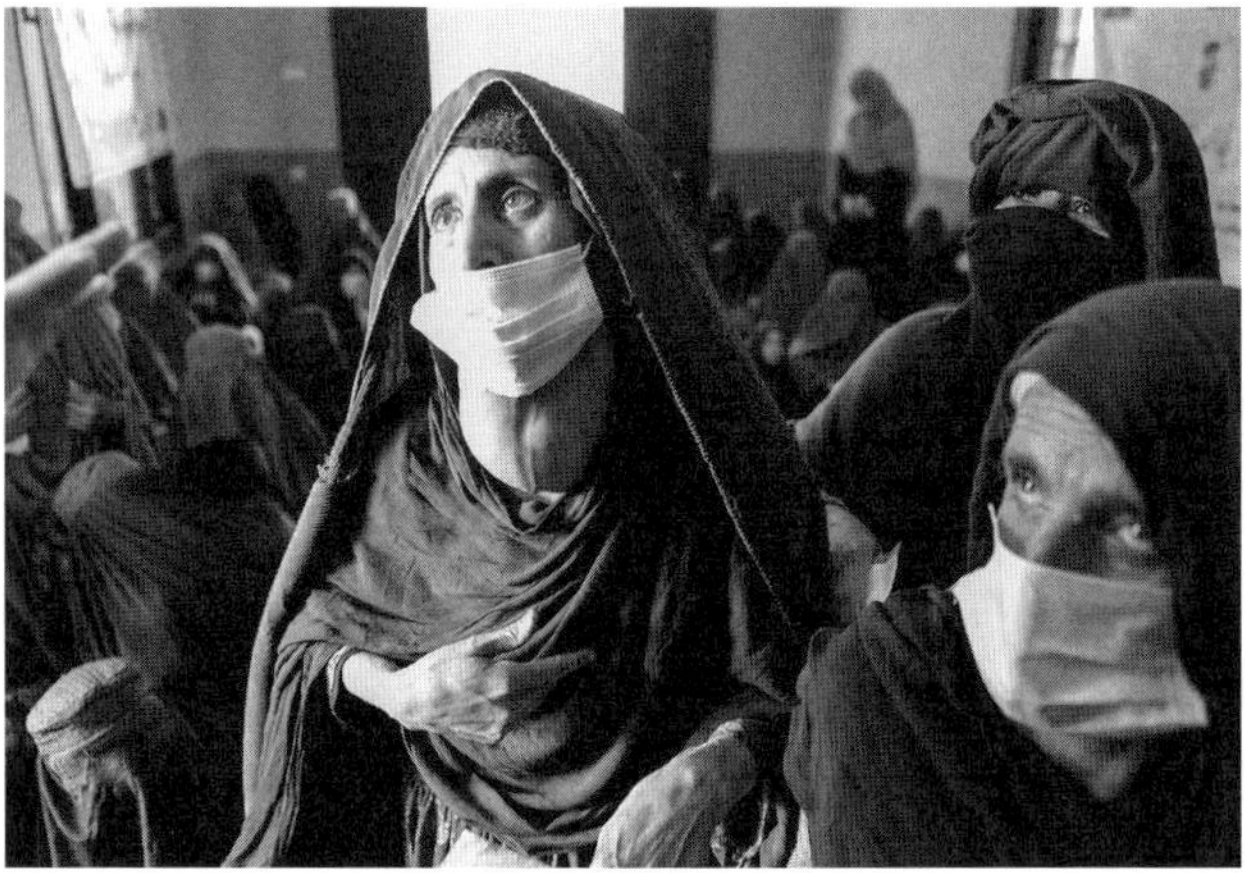

膨らんだ首元を見せ、甲状腺肥大だと訴えたモハジュラ＝2022年6月9日、ロダット、乗京真知撮影

ウズラに続いて他の女性たちも立ち上がり、「今日もらった現金のほかに収入がありません」と口々に訴えた。男性優位の考えが根強い農村では、女性は男児をたくさん産むことを求められるが、働くことはほぼ許されていない。紛争や病気で夫を亡くした途端に収入が途絶え、生活が行き詰まることが多い。

青い伝統衣装ブルカを着ていたモハジュラ（45）は、ブルカの端をめくり上げ、大きく腫れた首を見せた。「甲状腺肥大ですが、手術のお金がありません。体はやせ細るばかりです。どうか助けてください」。見ず知らずの男性に話しかけることがタブー視されている農村部でも、自ら声を上げなければならないほど女性たちは追い込まれていた。メムラワル代表は、そうした女性一人ひとりに「これからも私たちは出来る限りの支援をします」と語りかけた。社会のしわ寄せは、とりわけ立場の弱い女性に向いているとメムラワル代表は言う。「彼女たちの悩みに耳を傾けるたびに胸が痛み、途方に暮れてしまうのですが、それでも聞き取りを続けるしかありません。人道支援に近道はありません」

もっとも、タリバンの支配に不満を抱える人ばかりではない。旧政権時代からタリバン支配下にあった地域では、「(米軍などの)侵略者を追い出した」というタリバンの主張が一定の説得力を持っている。もともとタリバン同様の保守的な習わしがあり、女性の社会進出や教育の議論の優先度は低い。

建物の外では、3年前にタリバンに加入したという戦闘員オマル(20)が警備に立っていた。地元出身の彼は、「貧しい人々を助けてくれてありがとう。日本の人たちに感謝します」とお礼を言った。銃を置いて村に帰る気はないのかと尋ねると、「組織が自分を必要とする限りは働き続けたい」と言った。ただ上官が約束した月給2000アフガニ(約3000円)は、財政難のため、もう10カ月払われていないという。今後やりたいことを聞くと、こう答えた。「生家の畑を耕し、家庭を持ち、いつか家を建てて、親を喜ばせたいんです」。照れくさそうに語る彼の願いは、40年以上戦乱が続くアフガニスタンで血を流し、命を落とした幾多の若者の声を、代弁しているように思えた。

ロダット地区での取材を終え、砂ぼこりが舞う一本道をジャララバードへ引き返した。途中に検問があり、トハーと名乗る中年のタリバン戦闘員に車を止められた。トハーは上官とトランシーバーで話しながら、私のパスポートや取材許可証を取り上げた。トハーはそれらに目を通した後、やにわに私が座る後部座席に乗り込んできて、小声でこう尋ねた。「日本人か？　日本に行くにはどうしたらいい？　日本は質のいい車や家電をつくる、豊かな国なんだろ？」。聞けば、10カ月にわたって収入がないという。渡航にはビザが必要で、ビザを出す日本大使館は一時閉鎖していると伝えると、残念そうな顔をした。「日本大使館をすぐに再開してほしい。我々が米軍を追い出して、国がこんなに平和になったのに、いったい何を心配しているんだ」

心配することがないなら、なぜ銃を手放さないのかと聞き返すと、「我々が銃を持ったのは、米軍が攻めてきたからだ。それで20年戦った。武器を持つことが習慣になってしまった」と答えた。そして、私にパスポートを返し、悲しそうな表情でこう付け加えた。「外国人をやみくもに撃ったりはしない。外国と仲良くしたい。もう戦争は終わったんだ」

第7章◉尻込みするタリバン

◉「緑の大地」の復活

中村医師が長年の活動でアフガニスタン東部にもたらしたのは、人々が生きるのに欠かせない「大河の恵み」と「大地の実り」だった。「大河」とは、北にそびえるヒンドゥークシ山脈からクナール州を経てナンガルハル州へと、南に向かって流れる河川「クナール川」のことだ。雪解けの夏には取水門を壊すほどの激流となる一方、凍てつく冬には取水できないほど水位が下がるため、住民は水の扱いに苦しんできた。「大地」とは、クナール川右岸に広がる農地と、その隣に迫るガンベリ砂漠のことだ。2000年代に入ってからは極端に雨が少なくなり、農地がガンベリ砂漠に飲み込まれる砂漠化が進んだ。干ばつや食糧難に拍車がかかり、村人はふるさとを捨てて避難した。氾濫する「大河」を手なずけ、干上がる「大地」をよみがえらせる方法はないか。中村医師が考え出したのが、日本古来の治水技術を使ってクナール川から水を取り、用水路で農地まで届け、砂漠化を食い止める大規模な灌漑事業だった。

2022年6月8日、私は「死の谷」と呼ばれるガンベリ砂漠の端まで行ってみた。ナンガルハル州の州都ジャララバードから四駆で北に約1時間半。舗装のない道は途中から、大小の石が敷き詰められた河原のようになった。タイヤが破れるリスクを考えて四駆を止

灌漑事業によってナンガルハル州スランプールの乾燥地（2005年5月、上）が緑に覆われた（2012年8月、下）＝現地日本大使館のフェイスブックから

め、手ぬぐいをかぶって歩くことにした。周囲に日差しを遮るものはなく、まぶしさで目の奥が痛かった。腕や首元がジリジリと焦がされ、石窯の上で焼かれているようだ。照り返しの熱で、足の裏まで熱くなってきた。灰褐色の石で覆われた地表に、草木は1本も見当たらない。崩れかけたレンガの壁は、かつての人家だろうか。動画を撮るため携帯電話を取り出すと、すぐに画面にアラートが出た。「温度が下がるま

でお待ちください」。熱風が50度を超えることもあり、中村医師の現地NGO「PMS」でも職員が一人、死亡したことがあるという(『希望の一滴』中村哲著、西日本新聞社)。

立ち止まってクナール川の方を振り返ると、穀物や果樹が織りなす緑の帯が、蜃気楼のように地平に揺らめいていた。いつか映画で見たオアシスの幻影のようだが、ナンガルハル州でそれは決して幻ではない。PMSが2003年の着工から7年の歳月をかけ、日本の募金を支えに約15億円を投じ、マルワリード用水路(全長27キロメートル)を張り巡らせて実現した執念の結晶だ。近隣に約10カ所の取水堰《せき》も造り、貯水池や排水路を整えた。これによって2020年までに1万6500ヘクタールの農地がよみがえり、65万人の暮らしを支えているという。乾ききった砂漠を背に、みずみずしい農地が広がる風景は、人間の知恵とたくましさを感じさせるが、同時に、水が枯れれば再び砂漠が押し寄せてくるという現実も知らせている。

◉用水路とともに育つ子供

マルワリード(「真珠」の意)用水路沿いのシェイワ地区では、幅5メートルほどの用水路に冷水が満ち、大人が歩くほどの速さで流れていた。両岸には植林の柳が立ち並び、木陰に気持ちいい風が吹いていた。丈夫な根を張る柳のおかげで、岸辺は年々引き締まっていくという。その岸辺では、少年たちが上着を脱ぎ、次から次へと水に飛び込んでいた。すぐそばには用水路と並んでPMSが造ったモスク（礼拝所）やマドラサ（神学校）が建っていた。

近くの村に立ち寄ると、レンガの塀で囲われた男女共学の私立小学校があった。校舎の壁には、月を見上げる少女や草原の絵と並んで、中村医師の写真が飾られていた。ちょうど中庭では、児童たちが保護者ら来賓を前に、詩や英語の発表をしていた。ラフマトゥ

PMS方式灌漑事業　中村医師の現地NGO「PMS」は、2002年に発表した「緑の大地計画」に沿って、洪水期でも渇水期でも安定的に取水できる灌漑システム（取水堰、取水門、調整池、用水路、分水路、排水路、護岸、貯水池など）をクナール川流域で造り上げた。水の量や川の形が季節ごとに変わるクナール川では、取水門に土砂がたまったり、川底がえぐられたりして、うまく取水できないという問題があったが、中村医師は江戸時代の福岡県筑後川で同じ悩みを克服するために造られた山田堰（斜め堰）にならい、川の中に石を斜めに敷き詰めて急流をいなす構造などを採り入れた。できるだけコンクリートを使わず、現地の資材で石積みや蛇籠《じゃかご》をつくることで、お金を掛けなくても住民の手で修復できるようにした。JICA（国際協力機構）の調査報告によると、水が通った村では小麦の収量が増え、羊や牛が育ち、所得が上がった。これによって、住民の食事や通院の回数が増える効果も確認されたという。

用水路で泳ぐ少年たち＝2022年6月7日、ナンガルハル州、乗京真知撮影

ラ・カリブマル校長（27）によると、学校に通う児童250人のほとんどが、用水路の水を使って暮らしているという。

用水路のそばに住む女児グル・ズィア（6）は、赤いドレスの裾をつまみながら、「お気に入りのドレスです。ドクター・ナカムラの水で洗いました。水を庭にまくと、大きなザクロやライチができるんです。タマネギとオクラもとれます」と感謝の気持ちを表した。保護者の中には、タリバン構成員もいた。赤い民族帽をかぶった構成員ハズラット・ワリ（22）は、イスから立ち上がり、真剣なまなざしで「自分は用水路で泳いで育ちました。あの用水路がなかったら動物も植物も何も残らないでしょう。貧しい村のために尽くしてくれたドクター・ナカムラに感謝しています」と語った。

小学校の近くには、中村医師の記念公園「ドクター・ナカムラ　メモリアルパーク」もあった。バラやヒマワリが咲き誇る、住民の憩いの場だ。芝生の中に立つ白い大理石の塔には、中村医師の肖像画が描かれていた。塔の前に立ち、肖像画を見つめている男性に声を掛けた。中村医師のもとで20年近く働いてきた40代の作業員で、たまに友人と公園に来るのだという。作業員は「ドクター・ナカムラは我々と一緒に昼ご飯を食べ、『トラックの調子はどうだ？』『修理が必要なら言ってくれ。すぐに手配する』と声を掛けてくれました。そして、事あるごとに『アフガニスタンに必要なのは、武器ではなく、水と平和だ』という信念を口にしていました」と振り返った。事件直後は作業員の間で「また狙われるのではないか」という不安があり、しばらく作業は止まったが、「ドクター・ナカムラが国のために働いていたのに、我々が怖じ気づいてどうする」と話し合い、作業に戻ったという。

◉切手も赤ん坊も「ナカムラ」

アフガニスタンでは公園のほかにも、様々なものに「ナカムラ」の精神が宿っている。事件から約1年後の2021年1月には、中村医師をあしらった切手が発行された。額面は300アフガニ（約400円）で、縦約5センチ、横約4センチ。背広姿で穏やかな表

事件後に地元政府が発行した切手とはがき。はがきの景色は、中村医師の灌漑事業で緑が戻った大地＝現地の日本大使館提供

情を浮かべる肖像の下には、「テツ・ナカムラの人道活動をしのんで」と書かれている。切手のデザインには自国の英雄や動物、建造物が使われることが多いが、外国人である中村医師が使われたのは、紛争下で人道活動に尽くした姿が、平和と復興への希望をつなぐシンボルになっているからだ。

2020年には、中村医師の偉業を伝える絵本が現地語と日本語（『カカ・ムラド――ナカムラのおじさん』双葉社）で出版された。現地語の絵本は計2500冊刷られ、首都カブールや北東部パンジシールなどの子供たちに贈られた。絵本を書いたカブールの絵本作家ザビ・マハディ（32）は、日本留学中の2016年に中村医師の講演を聞き、その情熱に圧倒されたという。軍閥や武装勢力が幅を利かせるアフガニスタンでは、銃声を聞い

「ナカムラ」と名付けられた赤ちゃん＝2020年1月26日、カブール、乗京真知撮影

て育った子供たちが戦闘や武器にあこがれる傾向があるが、マハディは「ドクター・ナカムラは、武器を持たなくても人を動かし、国を変えられることを、身をもって示した『丸腰の英雄』です。復興を目指す私たちの模範となる姿なのです」と語った。現地語版をもとに日本語版の制作も始まり、中村医師の追悼ソング「ひと粒の麦〜Ｍｏｍｅｎｔ〜」を作った、さだまさしさんが翻訳を手伝った。さださんは出版社を通じて「（中村）先生を慕うアフガニスタンの人々の真心のこもった絵本」「偉大な魂をずっと伝えていきたい」とコメントを寄せた。

赤ん坊に「ナカムラ」と名付けた人もいる。カブール郊外で飲食店を営むサミウラ・マラン（46）。東部育ちのマランは、中村医師の灌漑事業によって実家周辺の乾燥地に緑が広がっていくのを目の当たりにした。「干ばつに苦しむ村人たちを助けてくれたのは、外国の軍隊でも武器でもなく、現地のドクター・ナカムラでした」。中村の漢字の意味をネットで調べ、「村の中に溶け込んで働いた生き様《ざま》そのもの」だと知った。「人助けの心を受け継がせたい」と、事件2日後に生まれた三男に名を託した。

命名の由来を地元メディアがフェイスブックで紹介すると、8000件超の「いいね」が集まった。珍しい名前はうわさになり、携帯電話に「イスラムに反する」と見知らぬ人から警告メッセージも来た。嫌がらせを恐れた家主にアパートを追い出され、郊外に引っ越した。実家に戻ろうとすると、地元の有力者は「ナカムラを連れてこないでくれ」と連絡してきた。それでもマランは「知人の8割は『いい名前だね』と共感してくれる」と悲観しない。「国籍や宗教の違いを越えて、命がけで救いの手を差し伸べてくれた日本人がいたことを、私たちは決して忘れません」

「ナカムラ」を冠する交差点や診療所もできている。サッカーやハンドボールなどのナカムラ杯も開かれた。カブール北部には中村医師の似顔絵が描かれた壁がある。「国の発展のために、あと1時間、残業しないか」。村人と日暮れまで水路を掘った、中村医師の生前の口癖が書き添えられている。義理堅いアフガニスタンの人々は、平和と発展への願いを「ナカムラ」という言葉に重ねている。

◉身を潜める「残りの犯人」

私は今回の渡航で、タリバン支配下の暮らしや用水路の状況を確認することと並んで、もう一つ確かめたいことがあった。それは、中村医師殺害の容疑者アミール・ナワズ・メスードの側近たちが、今どうしているかだった。中村医師の殺害現場近くの防犯カメラ映像からは、犯行グループが9人前後だった（第1章）ことが分かっていて、そこからアミール（別の事件を起こして死亡、第3章）と「共犯者」（パキスタンに逃亡、第4章）を除くと、少なくとも残り7人前後がどこかに潜んでいると考えられた。犯行の全容を解明するには、残り7人前後の居場所も突き止め、話を聞かなければならない。その有力候補としてアフガニスタン情報機関がマークしていたのが、アミールと行動を共にしてきた側近たちだった。

側近のうち2人については、取材で名前と顔が把握できていた。というのも、側近2人はカブール東部での有力者襲撃事件（第3章）の際にアミールに同行していたと考えられており、有力者本人がアフガニスタン情報機関から詳しい情報を得ていたからだ。有力者は側近2人について、取材に次のように語った。

――（カブール東部で）あなたを襲った犯人は、全部で何人いましたか？

「アミール以外に3人以上いたのではないかと思います」

――アミール以外の男たちについて、詳しく教えてください。

「1人目は、私の警備員が捕まえ、殴り倒し、警察に引き渡したハーン・ワリです。2人目は、現場でいったん捕まえたものの、警察が釈放してしまったハムザです。その他にも逃げた男がいたと思いますが、よく分かっていません」

――なぜ1人目の名前がハーン・ワリだと分かったのですか？

「（事件後に）アフガニスタン情報機関のチーフが、ハーン・ワリの写真を私に送ってきて、私たちが事件直後に撮ったハーン・ワリの写真や、私の記憶と齟齬《そご》がないかを確かめました。チーフは、身柄を預かっている警察署長とも連絡し、ハーン・ワリの人定を進めていました」

「ハーン・ワリは、後に刑務所に送られました。刑務所のファイルの氏名欄はハーン・ワリ、父親の名前はジャン・ワリとなっていました。ハーン・ワリは取り調べで、自身の住所をナンガルハル州ゴシュタ地区だと語ったのですが、私たちがゴシュタ地区で聞き取りをしても、ハーン・ワリを知る人が一人も見つかりませんでした。ハーン・ワリはウソをついていたのだと思います。そして政権崩壊の混乱の中、タリバンが刑務所を開放して仲間を脱獄させた際に、ハーン・ワリも一緒に逃げ出してしまったのです」

有力者はそう説明した後、ハーン・ワリの人定に使った2枚の写真を共有してくれた。1枚目の「アフガニスタン情報機関のチーフが送ってきたハーン・ワリの写真」には、白いスカーフを首に巻いた黒髪の男が写っていた。2枚目の「事件直後に撮ったハーン・ワリの写真」には、顔を腫らして鼻血を流す黒髪の男が写っていた。同一人物かどうか私には判別できなかったが、有力者は「顔が腫れているから分かりにくいかもしれないが、実物を見た私は同一だと分かった」と語った。

ハーン・ワリが刑務所にいる間、中村医師殺害についてどんな供述をしたのか、実際に殺害に関わっていたのかについて、有力者は情報を持ち合わせていなかった。ハーン・ワリの身柄を押さえながら、何も発表せずにいたアフガニスタン情報機関の意図は、第3章「当局が隠した失態」で掘り下げた情報機関の思惑と、重なるところがありそうだ。私はハムザについても有力者に質問した。

――（アミール以外の）2人目についてですが、どうしてハムザだと分かったのですか？

「2人目は、たまたま現場に居合わせたような顔をして、第三者を装っていました。でも動きが怪しかったんです。辺りをうろつき、地面に転がった薬莢を拾おうとしていました。自分が撃った弾の痕跡を消そうとしていたのかもしれません。そこに警察官が駆けつけて、私の目の前で彼を取り押さえたのですが、彼は『自分はただの見物人で、何も知りません。子供を近くに送迎して、何か起きていたから見に来ただけです』と言いました。彼はきれいな格好をして、あごひげも剃っていましたから、外見からは犯罪者には見えませんでした。警察は彼の言い分を信じて、釈放してしまいました。後にアフガニスタン情報機関のチーフが、警察署長に『釈放したのはこの写真の男か？』と確認したところ、警察署長は『間違いありません』と釈放を認めたので、チーフは『ハムザを逃してしまった』と落胆していました」

有力者は、ハムザの人定に使った写真も共有してくれた。「アフガニスタン情報機関のチーフが送ってきたハムザの写真」には、灰色っぽいジャケットを羽織り、あごひげを剃った、色白で黒髪の男が写っていた。

後に、この写真を見たパキスタン・タリバン運動（ＴＴＰ）メンバーの一人は、「ハムザで間違いない」と取材に語った。潜伏先が近いため、よく顔を合わせていたという。また、別のＴＴＰメンバーは、ハムザについて「ＴＴＰに属しているが、非常に粗暴な人物なので、ドクター・ナカムラの事件以降、ＴＴＰ（の執行部）は距離を置いている」と話した。

タリバン幹部が、隠れ家に向かう道の様子として共有した動画の一コマ＝2019年7月撮影

◉隠れ家へと続く山道

政権崩壊に乗じて脱獄したという「ハーン・ワリ」と、警察を言いくるめて釈放されたという「ハムザ」。2人の側近の立ち寄り先として考えられるのは、アミール一味が根城にしてきたクナール州の隠れ家だ。いったいどんな場所にあるのか。可能な限り情報を集めた。

アミール一味の隠れ家は、中村医師の灌漑事業地から、そう遠くない場所にある。マルワリード用水路の取水門がある所から、クナール川沿いの道「ジャララバード―クナールロード」を車で1時間ほど、上流に向かって北上していくと、クナール州の州都アサダバードに出る。アサダバードを通り越し、ジャヤララバードークナールロードをさらに北上していくと、マラワラ地区に着く。マラワラ地区はクナール州に15ある地区の一つだ。マラワラ地区で右に折れ、東に向かって谷筋の道を進む。舗装はされておらず、車が1台やっと通れるだけの石だらけの道が、谷にへばりつくように山奥へと延びている。山を上り切ると、その先はもう隣国パキスタン領内だが、そこまで行く前にロヤ・バチャと呼ばれる山村があり、アフガニスタン治安当局の詰め所がある。その詰め所を越えてすぐの斜面に建っているのが隠れ家だ。アフガニスタン治安当局（ガニ政権下）と、アミールが所属するTTPのなれ合いの構図（第3章）が、詰め所と隠れ家の近さからも読み取れる。パキスタン側に家族の一部を残しているアミールとしては、パキスタンに戻りやすい場所にあることも魅力的だっただろう。

マラワラ地区から先の様子は、2019年に隠れ家に立ち寄ったタリバン幹部や、2020年に内偵捜査に行った捜査関係者から、動画や写真を見せてもらいながら聞き取ったものだ。無理をすれば、私も隠れ家に近づけていたかもしれないが、タリバン幹部から「やめた方がいい。行ったとしても戻ってこられる保証はない」と自制を促された。乾燥した山肌に低木が茂り、その間を冷たい沢が流れるクナール州の風景は、一見のどかで安らかな印象を与えるが、一帯はアミール一味だけでなく、他のTTPメンバーや「イスラム国」（IS）支部組織も潜伏先として使っている。不用意に近づけば誘拐のリスクが増すことから、今回は足を踏み入れることを断念した。はやる気持ちを抑え込んだこの時のリスク判断と、事実に迫る工夫ができたはずだという後悔が、私の中で折り合うことは一生ないだろう。いつか身の危険におびえることなく、顔を伏せたりカメラを隠したりせず、美しい山々を気兼ねなく歩ける時代が来てほしい。そんなことを思いながら、ジャララバードークナールロードを引き返した。

◉タリバン幹部との面会

私と助手は、その後も同じタリバン幹部と、断続的に交信を続けた。私が英語で書いたメッセージを、助手がパシュトゥー語に訳し、幹部に通話アプリで送ると、たいてい数時間以内に返事が返ってくる。そんなやり取りを2019年12月の中村医師殺害事件の後から2年半続けてきた。

幹部の経歴は、やや複雑だ。戦闘を生業《なりわい》とするアフガニスタン南東部パクティカ州の一族出身で、身内にはタリバン内の最強硬派「ハッカーニ派」の部隊を率いた司令官（米軍の無人機攻撃で死亡）もいる。ハッカーニ派のエリートとして育てられた幹部は、TTPなど他の武装勢力にも顔が利き、2019年7月にはTTPに属するアミールの隠れ家を訪ねたこともあったという。2021年8月にタリバンが権力を掌握してからは、首都カブールに住まいを移した。タリバン暫定政権では、ハッカーニ派の首領シラジュディン・

ハッカーニが内務省の大臣になったのに伴い、内務省の重要ポストに抜擢された。

なお、内務省はシラジュディン・ハッカーニが大臣に就いた初日から、人権保護を求める女性の抗議デモを禁じる通達を出し、デモを取材していた記者たちを暴行するなどして、国際的な批判を浴びた。ハッカーニ派は外国人を狙ったテロや誘拐を繰り返し、米当局が報奨金をかけて追ってきたグループでもある。世界でテロ組織としてマークされてきたグループが、国内では治安をつかさどる内務省の看板を掲げているわけだ。

私は、カブールにいる幹部のもとを訪ね、2019年にアミールの隠れ家に立ち寄った時の様子を話してもらうことにした。指定された面会の場所は、高官やビジネスマンが屋敷を構えるカブール中心部の住宅街。クリーム色の塀で囲まれた邸宅の前に着くと、自動小銃を持った警備員が近づいてきた。用件を告げると、金色の飾り金具が付いた鉄製の門が開き、白い大理石の床が光る20畳ほどの客間に通された。サムスン製のエアコンでよく冷えた客間の壁には、横幅が2メートルほどある大型テレビ画面が掛かっていて、テレビ台の下には2丁の自動小銃が置いてあった。客間の隅には武装したボディーガードが2人立っていた。幹部は客間の奥にある花柄の白いソファに腰掛け、この邸宅の所有者である貿易商と談笑していた。2人の間には金色のローテーブルがあり、ピスタチオのスイーツ「バクラバ」や炭酸飲料のレッドブル、ミルクティーなどが並んでいた。タリバン内で出世するエリートには大抵、貿易商のような財力のあるパトロンが付いている。

私が「アッサラーム・アライクム（あなたの上に平安を）」と挨拶すると、幹部は「ワ・アライクム・アッサラーム（そしてあなたの上にこそ平安を）」と言って右手を差し出した。幹部は、白い民族服の上に青いジャケットを羽織り、左手にアップルウォッチをはめていた。その左手が届く位置に、黒いトランシーバーとピストルを並べて置いていた。トランシーバーからはザーザーと音が漏れていた。市内で警戒にあたる部下からリアルタイムで報告を受け、指示を飛ばすためのものだ。私は、タリバン内務省の態勢や、タリバンと敵対するISの勢いについて尋ねた後、中村医師殺害に話題を移し、タリバン内務省として、どこまで情報を把握しているのか聞いていった。

――アミールの経歴を改めて教えてください。

「アミールはパキスタンの（部族地域にある）南ワジリスタン出身のメスード族だ。TTPのメンバーで、南ワジリスタンを拠点に活動していた。自分も南ワジリスタンにいたので、たまに会うことがあった。アミールは（2012年4月に南ワジリスタンに近い）バンヌー刑務所を襲撃し、仲間をたくさん脱獄させるなど活発に動いており、よく知られた存在だった。主な収入は、誘拐による身代金だった。身代金のおかげでリッチな生活をしていた。いつも新しい、仕立ての良い服を着ていた。リッチと言えば（中東最大の商都）ドバイを思い浮かべる。だから皆、アミールのことを『ハジ・ドバイ』というあだ

タリバン幹部が、隠れ家でくつろぐアミールの様子として共有した画像＝2019年7月撮影

名で呼んでいたんだ」

「パキスタン政府がＴＴＰの掃討作戦を始めた２０１４年以降は、アミールは（他のＴＴＰメンバーとともに）アフガニスタン側に逃れてきた。アフガニスタン側でも誘拐していたが、身代金の取り分を巡って仲間割れしたことがあり、それ以来、ＴＴＰ（執行部がいるアフガニスタン南東部）から距離を置いて、クナール州に活動の拠点を移した。アミールはカブールに住んでいたこともある」

――アミールはカブール東部でも襲撃事件を起こしましたね？

「アミールはドクター・ナカムラの事件の後も捕まらずに逃げ延びていたんだが、カブールに来て襲撃事件を起こした。実は当時、（タリバンの）情報部門も独自に事件を調べていて、犯人を見つけたら拘束しようという話になっていた。そして、（タリバンの）情報部門が事件の背後にアミールがいると把握した日、まさにその日の夕方に、アミールはカブールで襲撃事件を起こし、撃たれて死亡してしまった」

――あなたは以前、アミールだという写真を1枚、共有してくれました。イスに座って、くつろいでいる写真です。あの写真を撮った経緯を教えてください。

「あれはドクター・ナカムラの事件が起きる前、自分がアミールのコンパウンド（大きな住居）を訪ねた時に携帯で撮った写真だ。別カットがあるので、いま共有しよう。……（2019年7月7日午前5時33分撮影の写真を共有）……当時、自分は（ハッカーニ派の）部下たちを連れて、敵対しているダーイッシュ（IS）の掃討作戦に乗り出していた。ダーイッシュが潜伏している谷の、すぐ隣の谷にアミールのコンパウンドがあったので、情報通のアミールのところに行って、ダーイッシュの状況を教えてもらおうと考えた。アミールに連絡すると、ぜひ来てくれという話になった」

◉驚きの内装、振る舞われた羊肉

――コンパウンドはクナール州マラワラ地区だとか。そこまでの道は？

「コンパウンドがあるのはマラワラ地区のロヤ・バチャヤだ。山道を四駆で走り、コンパウ

タリバン幹部が、隠れ家での食事の様子として共有した画像＝2019年7月撮影

ンドに向かった。道中に車上から携帯で撮った動画があるから、これを見れば道の険しさが分かるだろう。…（2019年7月6日午後3時37分撮影の56秒間の動画を共有）…山道を進む途中で、アミールがバイクに乗って迎えに来てくれた。アミールのバイクに先導される形で、ロヤ・バチャのコンパウンドまで行った。わずか150メートルの距離に（タリバンと対立する）アフガニスタン治安当局の詰め所があったので、アミールから夕食に招かれた時、（タリバンに属する）自分としては遠慮したかったのだが、アミールに『安全を保証するから』と引き留められた。アミールは南ワジリスタン時代からの古い知り合いということもあり、信頼して泊まらせてもらうことにした」

――コンパウンドはどんなところでしたか？

「土壁の家だった。レンガとかセメントは使っていなかった。アミールの他には側近が2人いた。妻の姿は見なかったが、2歳の女の子がいた。家の中に入って驚いた。外見上は普通の土壁の家なのに、中はこの部屋のようにきれいな内装が施されていたんだ。しかも、よく冷えたレッドブルが出てきた。自分は『冷蔵設備まであるのか』とビックリして、『こんなに冷たい飲み物があるなら、いくらでも炎天下で仕事できるぜ』とジョークを言ったよ。夕食には大きな羊肉が盛りつけられた炊き込みごはんが振る舞われた。部下たちも一緒に座り、ナンをちぎり、コカ・コーラを飲んで、色んな話をした」

――どんな話を？

「アミールがパキスタンからアフガニスタンに逃れてきてからは、一度も会っていなかったから、その間に起きたことを互いに共有した。アミールの話で印象的だったのは、『南東部ではTTP内でトラブルが絶えなかったが、クナール州は平穏なところで滞在しやすい』と言っていたことだ。『これまでたくさんの誘拐事件を起こしたが、クナール州の田舎では誘拐をしていない。こんなにのどかなところだからな』と言っていた」

そうは言ってもアミールは、この発言の約7カ月前にエニカスTVオーナーを誘拐していたし（第2章）、約5カ月後には中村医師の事件を起こしたとされるのだから、犯罪で生計を立てていたことに変わりはない。私は、アミールが中村医師を狙うことになった背景についても質問した。

――アミールがドクター・ナカムラの事件に関わることになった経緯は？

「我々が関係者から聞き取った話では、ドクター・ナカムラの事件は、アミールの仕事仲間だった男が、アミールに持ちかけたものだった。男は元々、TTPメンバーだったが、パキスタン治安機関に拘束された。男はパキスタン治安機関から拘束を解かれた後、アフガニスタンにいるアミールのもとに戻ってきて、ドクター・ナカムラを誘拐する話を持ちかけた。アミールとしては身代金目的でドクター・ナカムラを誘拐するつもりだったが、その場になったら男がドクター・ナカムラを撃ってしまった」

――その男の名前は？

「●●●●だ。今はパキスタン（北西部）のカイバル・パクトゥンクワ州の都市にいる」

やはり幹部も、第4章で取り上げた「パキスタンから来た共犯者」の情報をつかんでいた。幹部が言及した名前（アルファベットで4文字）と都市名は、私が行動を追っている「共犯者」のそれと一致していた。また幹部は、「共犯者」の動機について「本人に聞かなければ、はっきりしたことは言えない」と前置きしつつ、「共犯者」がパキスタン治安機関に身柄を解放された後に中村医師を狙っている流れから見ても、パキスタン治安機関の意図が働いているのではないかと疑っている。今回、幹部と直接話をしてはっきりしたのは、アフガニスタン情報機関やTTPがつかんだ①事件の構図（「共犯者」がアミールを利用したという構図）や②背後関係（「共犯者」とパキスタン治安機関のつながり）と全く同じ見方を、タリバン内務省も持っているということだった。

◉46秒間の「ハムザ」の肉声

私は幹部に対し、アミールの側近たちの行方について、何か新しい情報が入っていないか聞いた。幹部はアミールの側近ハムザと5年ほど前に会ったことがあり、2021年までは普通に連絡を取り合う仲だったからだ。

振り返れば、同年11月中旬、私は幹部を通じてハムザにインタビューを申し込んだこともあった。11月30日にハムザから返事があり、インタビューの条件が示された。その条件は「携帯電話でなら君のインタビューに応じてもいい」「君の助手に新しい携帯電話を持たせて、集合場所まで派遣してほしい」「助手が現在使っている携帯電話ではなく、新しい携帯電話でなければならない」というものだった。ハムザは携帯電話の通話が盗聴されたり、位置情報を割り出されたりすることを恐れていた。結局、条件が折り合わず、インタビューは流れた。誘拐を得意とするハムザのもとに助手を派遣するのは、誘拐を自らお膳立てするようなものなので、インタビューできなかったことは仕方ないと思っているが、仮にインタビューが成立していたら、ハムザは何を語ったのだろうかと考えることはある。その疑問に対する解を、幹部は終盤のやり取りの中で示してくれた。やり取りは次のようなものだった。

――ハムザの居場所はつかめていますか？

「あれからハムザは、さらに奥深い山の中に拠点を移したようだ。電波の届かない場所なので、連絡が取れなくなった」

――再びハムザにアプローチする手立ては？

「ハムザは、もう表には出てこないだろう。今となっては、ハムザは（内務省幹部として治安をつかさどるようになった）私のことも怖がっている。何らかの容疑で逮捕されるかもしれないと恐れているのだろう」

「実はハムザに質問をしたことがある。『ドクター・ナカムラの事件に関わったのか？』『アミールと一緒にいたんだろ？』と聞いた。するとハムザは、関与を否定する音声メッセージを送り返してきた」

幹部はそう言って、ハムザから送られてきた音声メッセージの内容を改めて確認した。

音声メッセージは46秒あり、通話アプリで送られたものだった。鼻にかかった声で、ため息をつきながら、次のようにパシュトゥー語で話していた。「自分は、あまり情報を持ち合わせていない。どんな事件で、どんな風に計画されたのか、分からない。なぜなら自分は、ずいぶん前に彼（アミール）らのもとを離れ、刑務所に入っていたからだ。刑務所に入っている間に、彼はカブールのどこかで死亡した。詳しい情報は把握していない。彼にはアフガニスタン人の仲間が何人かいた。その仲間から情報が入れば、そちらにも知らせる」

ハムザは、カブールでアミールが死亡した際に現場にいたとみられるので、「刑務所に入っていた」という主張は通らない。5年来の付き合いがある幹部にもウソをつくのだから、ハムザから本音を聞き出すハードルは高い。

音声メッセージを聞いて、私はもう一つ、気づいたことがあった。音声メッセージのハムザの声を、ある動画の中で聞いたことがあったのだ。動画はアミールの周辺で出回っていたもので、アミールが身代金の取り分を巡ってもめた仲間を木にくくりつけ、その首を後ろからスカーフで締め上げる様子が映っていた。「もうすぐ死ぬはずだ」とスカーフを引き絞るアミールに対し、「まだだ。まだ死んでない」などと答える撮影者の声が、音声メッセージのハムザの声とそっくりだった。動画には、マティーンやラティフと呼ばれる男たちも登場し、絞殺を手伝っていた。人を殺すシーンをわざわざ動画に残し、それを周囲に見せびらかして力を誇示する――。一味の残虐性を象徴するような動画の中でも、ハムザは側近として存在感を示していた。

◉友好団体との関係に苦慮

最後に私は幹部に対し、前政権下でアフガニスタン情報機関や警察がまとめた中村医師殺害の捜査資料が見つかっていないか尋ねたが、従来通り「見つかっていない」との答えだった。捜査情報がタリバンに渡らぬよう、政権崩壊時に捜査員たちが記録を抹消した可能性がある。また幹部によると、「日本から正式に要請があれば、再捜査することは可能」だが、現状では捜査は止まっているという。

タリバン暫定政権が捜査に後ろ向きなのは、友好団体であるＴＴＰとの関係も影響している。アフガニスタン政府と戦ってきたタリバンと、パキスタン政府と戦ってきたＴＴＰは、敵が違うものの、同じ民族パシュトゥンを主体とし、厳格なイスラム法の運用を求める思想でつながる兄弟のような間柄にある。捜査の対象となるアミール一味は、ＴＴＰのメンバーか、それに準ずる者たちなので、捜査の進展をＴＴＰも望んでいない。ＴＴＰとの関係を壊してまで捜査を進めるメリットは、タリバン側にはない。

取材の３日後、幹部は助手の携帯に電話し、私あてにこんな伝言を残した。「アフガニスタンのために働いてくれたドクター・ナカムラに、自分は深く感謝している。こんなことになって申し訳ないと思い、悲しんでいる。だから今回、頭の中にあることを全て話そうと思った。個人的には、すぐにでも犯人を捕まえたい。その手がかりとなる情報が、いつかこの耳に届くはずだ。待っていてほしい」

第8章◉真相解明へのバトン

約3年にわたる追跡取材で見えてきた容疑者の素性や捜査のつまずき、背後にある国家間のあつれきなどは、朝日新聞の紙面やデジタル版のほか、朝日新聞ポッドキャストの番組「ニュースの現場から」（聞き手　朝日新聞コンテンツ編成本部音声ディレクター・神田大介）でも収録・配信しました。真相はどこまで明らかになり、何が分かっていないのか。計4回の番組の主なやり取りを、文字に起こして紹介します。（一部表現を補ったり、重複を削ったりしています）

◉ニュースの現場から（2021年4月15日収録）

［前編］　中村哲さん「殺してしまった」　容疑者を追い詰めた執念の取材

神田　今回は中村哲さんの殺害事件について聞いていきます。基本的な話にはなりますが、中村さんがどういう方で、どんな活動をしていたのか改めて教えてもらえますか？

乗京　はい。中村さんがアフガニスタンやパキスタンに入ることになったきっかけは、山登りでした。中村さんは山登りや蝶の観察が好きで、1970年代にパキスタンに山登りに行った際、山奥で病気に苦しむ人たちをたくさん見たそうです。自分で何かできないか

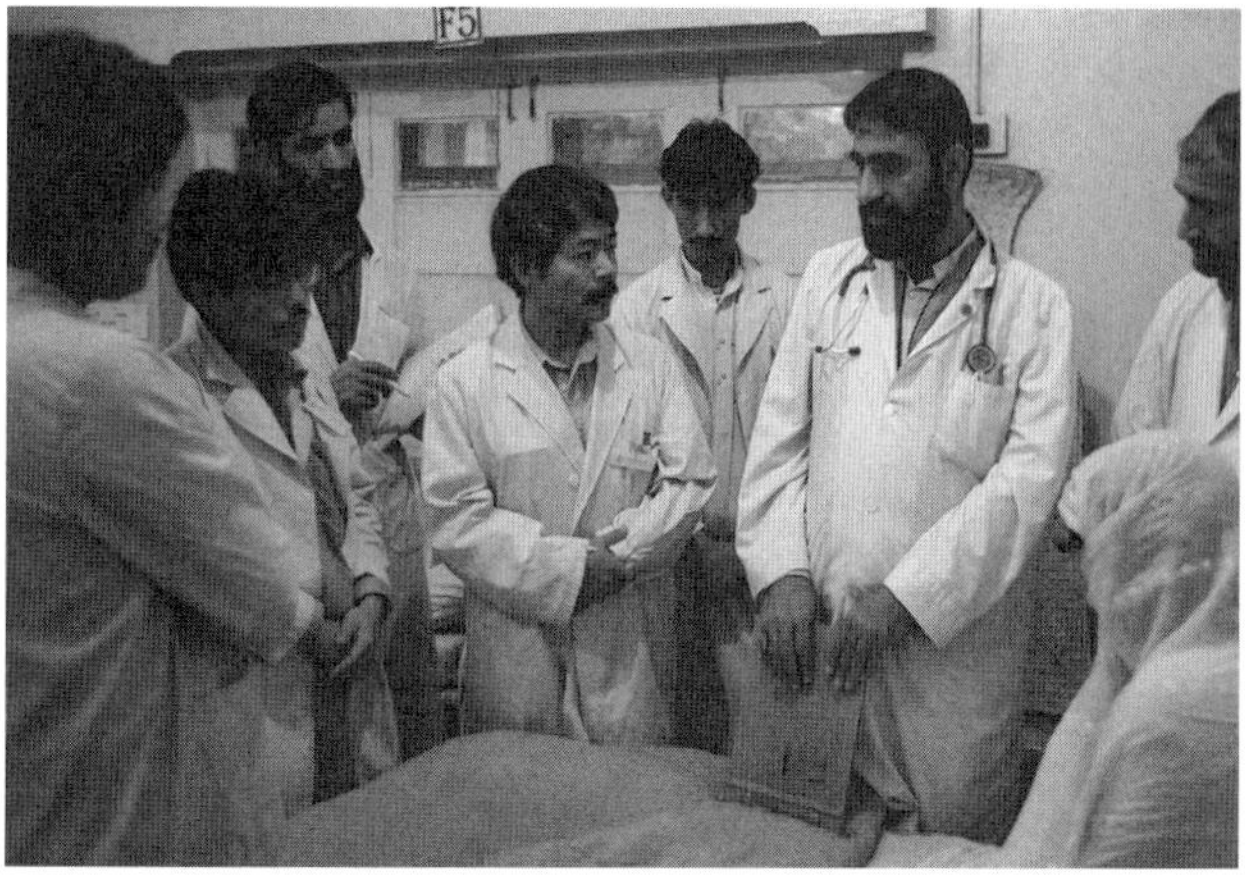

ペシャワルの病院でスタッフと治療方法などを話し合う中村さん＝1997年10月、朝日新聞提供

と考え、パキスタン北西部のペシャワルに行き、地域医療から見放されてきたハンセン病の人たちの治療に当たりました。次第にアフガニスタンにも活動を広げていきました。アフガニスタンには医者がいない貧しい山村がたくさんあるんですが、そこに診療所を設けて病人の手助けをしました。２０００年代に入ると、アフガニスタンはひどい干ばつに襲われましたので、たくさんの井戸を掘って人々の生活を支えました。中村さんが最近力を入れていたのが、砂漠化が進む地域に川の水を引っ張って緑地化していく灌漑事業です。今ではかなり広大な面積が緑に覆われ、65万人の生活が可能になっているということです。

神田　事件の捜査は進んでいるんでしょうか？

乗京　捜査は難航しています。アフガニスタンで最も捜査力が高い情報機関「国家保安局」（ＮＤＳ）の特別チームが捜査してきましたが、膠着《こうちゃく》状態で進展が見えませんでした。ただ、現地に入っている記者としては何としても犯人の尻尾をつかみたい、捜査でできないからといって取材できないことはないと思っていましたので、色んな方に話を聞いて回りました。政治的な思惑とか功名心とか、様々な動機で話をゆがめる人がいるし、多くがまた聞きで信憑性《しんぴょうせい》が低いという問題もありました。事件から1年が過ぎて取材が行き詰まっていた時に、アフガニスタンのある情報提供者から情報が寄せられて、取材の大きな転換点になりました。

神田　それはどんな情報だったんですか？

乗京　情報提供者は犯人から直接、「ドクター・ナカムラを殺害してしまった」と聞いたと言ってきました。また聞きの情報ではなく、直接聞いたと言ったんですね。それで、もしかしたらと思って詳しく話を聞きました。彼によると、犯人の男はアミール・ナワズという名前の40代くらいの男で、イスラム武装勢力のパキスタン・タリバン運動、通称ＴＴＰの地方幹部だと言っていました。アミールは今どこにいるんだと聞いたら、中村さんが殺害されたナンガルハル州の北隣のクナール州にいる、逮捕もされず普通に元気に暮らしているということでした。

神田　情報提供者というのは信用できる人なんですか？

乗京　２０１６年に別の取材で知り合ったＴＴＰの幹部です。ＴＴＰの内部抗争や事件があるたびに確度の高い情報を伝えてくることがあり、1週間とか1カ月とか経つと、その人間が伝えてきたことが事実だったのかデタラメだったのかが分かるわけですけど、彼は非常に正確でした。デタラメを言う人間ではないということは分かっていました。

神田 情報提供者によると、犯人の男アミールはどんな様子だったと？

乗京 アミールは非常に困った顔で「自分に捜査が集中している」「自分は捕まってしまう」と相談してきたそうです。「自分はドクター・ナカムラを誘拐するつもりだったんだけれども、一緒にいた共犯者が途中で撃ってしまった」と言ったそうです。その信憑性を自ら示すためかもしれません。アミールは情報提供者の目の前で「共犯者」に電話をしたこともあったそうです。電話に出た「共犯者」に対してアミールは「何で撃ったんだ」「俺に事前に何も言ってなかったじゃないか」と怒鳴っていたそうです。

神田 非常に具体的な話ではありますが、裏付け取材はどう進めたんですか？

乗京 アミールが実在するのかどうかが最初の壁だったのですが、私の中では確証がありました。私の取材協力者が2016年にアミール本人に偶然会っていたんです。その時にアミールの写真を撮っていて、私にその写真を提供してくれていました。私はそのことをすっかり忘れていたんですけれども、裏付け取材を進める中で（同一人物だと）気づきました。その写真のアミールは、情報提供者が「これがアミールだ」と言って提供してきた写真の容姿と同じでした。そして、取材協力者が語るアミールの個人情報、家族関係、出身地、犯罪歴などは、情報提供者が語るものと一致していました。さらに、これもまた偶然ですが、アミール・ナワズという名前を聞いた時に、何か聞き覚えがあるなと思って、2017年の別の取材の際に残していた分厚い捜査資料をめくり返してみたんです。そうしたら、資料の最後の章にアミールの個人情報が載っていました。公文書でもアミールの存在が裏付けられたということです。

◉ニュースの現場から（2021年4月15日収録）

［後編］アフガニスタン、沈黙の裏事情 中村哲さん殺害の主犯格はマークされていた

神田　アミールに（直接会って）取材できたのでしょうか？

乗京　直接取材をしたい、何が何でもする、と思っていました。同時に、そういう風に思った時は（はやる気持ちに）ブレーキをかける時であるということも、危険地取材で学んできました。取材は現地のスタッフと一緒にやっていかないといけません。私は国外に出られますけれども、現地のスタッフは家族も子供もいるので、彼らの安全確保を何よりも

優先して考えないといけない。（アミールの）隠れ家の位置は、だいたい絞り込めていたんですが、突撃取材のような形で行って果たして我々の安全は確保されるのかという問題がありました。どうやって（アミールに）アプローチするか、現地のスタッフと議論を進めていた2021年2月上旬、今でも忘れもしません、私の寝室の枕元に置いていた携帯電話の画面が明るくなったんです。こんな遅い時間に何だろうと思って、携帯電話を見ると通話アプリのメッセージが届いていました。非常に短いメッセージで、「アミールが死んだ」と書いてありました。血の気が引くような感覚を覚え、自分の取材の手際の悪さを悔いました。

神田　現地のスタッフの安全を考えれば慎重に慎重を重ねる対応は必要だったでしょう。しかし、アミールが死んだというのは、どういうことだったんでしょうか？

乗京　まず（アミールが死んだという）メッセージを送ってきた人間っていうのは、イスラム武装勢力のTTPのメンバーでした。このメンバーが言うには、アミールは1週間ほど前の1月29日の昼に襲撃事件を起こし、そこで警備員の反撃をくらって射殺されたという説明でした。そこから朝にかけて彼から搾り取るように情報を聞き出したんですけれども、彼は写真を一枚添付してきました。写真にはアミールらしき人物が頭から血を流して倒れている様子が写っていました。アミールらしいとなぜ分かるかというと、中東ではひげの形がヒントになります。個人によって（好みの）剃り方がある。最初に見たアミールの写真と、遺体の写真のひげの剃り方が全く同じだったので、これはもしかしたら本人かもしれないと思いました。

神田　中東で取材する時に、ひげが相手を見定める重要なポイントだというのは同感です。

乗京　写真だけでは本人だと言い切れませんので、現地警察からも裏付けを取りました。他の捜査幹部にも改めて取材をかけたところ、アミール死亡を認めましたので、2021年2月10日の朝日新聞朝刊で、主犯格が特定されていて、死亡した可能性が高いという記事を書きました。記事はその日のうちに英訳されて、現地のジャーナリストの中で出回りました。地元メディアの記者も色々なネタ元に取材攻勢をかけていたんだと思います。ただ、ここで不可解だなと思ったのは、捜査をしているアフガニスタン当局の報道官とか幹部が、全くコメントを出さず、表の取材に応じなかったことでした。

神田　大統領直属で威信をかけて捜査をしている事件であるにもかかわらず、逮捕もしなかったし、発表もしないと。

乗京　そうですね。それで私は少し立ち止まって考えました。これは逮捕しないのではなくて、もしかしたら逮捕できない、逮捕すると何かまずいような事情があったんじゃないかと。

神田　詳しく教えてください。

乗京　逮捕するとまずい事情っていうのはですね、少しややこしい話になるんですが、捜査当局と武装勢力の特殊な関係、誤解を恐れずに言えば、蜜月関係という切り口から見ていくと分かりやすいと思います。普通は、捜査当局と武装勢力っていうのは対立しているものだと思いますよね？

神田　そうですね。

乗京　なんですが武装勢力がたくさんいる地域では、捜査当局にとって都合が良い武装勢力と、捜査当局の言うことを聞かない聞き分けの悪い武装勢力がいるんです。実は、捜査をしているアフガニスタン情報機関は、アミールが所属している武装勢力のＴＴＰと仲がいいんです。その理由は、アフガニスタン情報機関もＴＴＰも「反パキスタン」という点で考えが一致しているからです。アフガニスタンとパキスタンはサイズ的にも似ていて、話す言葉も一部重なっており、兄弟のような国に見えるんですが、非常に仲が悪いです。国境線の画定でもめていて、アフガニスタン情報機関はパキスタンに一矢報いたい、一泡ふかせたいという思いがあります。ただ、パキスタンは核兵器を持っていますので正面から戦って勝てる相手ではない、そして戦争を起こして難民が生まれるのも良くない。じゃあ、どういう風にパキスタンに対抗していくかというと、一番手っ取り早いのは、聞き分けの良いＴＴＰのような武装勢力を飼いならし、隠れ家を提供して、対立国であるパキスタンで攻撃ができるような手伝いをしていくということなんです。武装勢力をあたかも自国軍の別働隊のように利用していく、この飼いならし戦略っていうのは情報機関の常套手

アフガニスタンとパキスタンの国境地帯に潜伏するTTP戦闘員＝2019年7月、TTP広報機関の映像から

段です。何もアフガニスタン情報機関に限ったことではなくて、パキスタンも同じようにアフガニスタンでテロを起こしてきた武装勢力、具体的にはタリバンに隠れ家を提供してきました。こうした状況を踏まえた上で、仮にアフガニスタン当局がアミールを早期に逮捕して発表していたら、どんなことになっていたか考えたんです。

神田　どうなっていたんでしょう？

乗京　アフガニスタン当局が、仮にこのアミールを早めに逮捕して発表していたら、疑問が湧き起こってきます。アミールは、ＴＴＰは、何でアフガニスタンにいるのかという疑問です。それはアフガニスタン情報機関がＴＴＰの潜伏を黙認してきたからなんですね。逆に言えば、アフガニスタン情報機関がＴＴＰを飼いならすような裏工作をせず、しつかりと摘発していたら、中村さんの殺害事件は起こらなかったということです。アミールがＴＴＰに所属していて、悪さをしてしまったということは、アフガニスタン当局にとっては非常にまずい事態です。アフガニスタン当局を「蛇使い」、ＴＴＰを「蛇」と呼ぶとすると、今ここで起こったのは、「蛇使い」が自分で飼っている「蛇」に噛まれる事態が露見したということです。

神田　アフガニスタン当局は、アミール死亡を認めているんでしょうか？

乗京　公式のコメントは出していません。私がアミール死亡の記事を書いた約1カ月後、アフガニスタン情報機関の関係者と接触する機会があったんですけれども、彼は記事について快く思っていないと警告してきました。アミールがＴＴＰメンバーであったこと、アミールが主犯格であったこと、いずれも書いてほしくなかったと言っていました。その理由については語りませんでした。アフガニスタン情報機関としては、犯人を特定しておきながら逮捕できず、聴取もせず、死亡させるような事態に陥ってしまったということに加えて、先ほど説明したようにＴＴＰの潜伏を許してきたということが表に出てしまうわけですから、気にくわなかったのだと思いますね。別の捜査幹部の一人は非常に興味深いことを言っていました。彼は、アミールは共犯者にだまされた小物なんだ、小物を逮捕する必要があるのか、それよりもむしろパキスタン側に逃げ出している「共犯者」を逮捕して真相を解明しないと意味がないんじゃないか、と言っていました。

神田　「共犯者」というのは、アミールが「自分は誘拐をするつもりだったが共犯者が撃ってしまった」と周囲に語っていたという、あの「共犯者」のことですね？

乗京　そうです。アミールは誘拐とか襲撃が得意で、いろんな団体の汚れ仕事を請け負って金を稼いできました。アミール自身はいつものように仕事を請け負って（中村さんを）誘拐しようとしたんだけれども、「共犯者」がアミールに告げることなく撃ってしまったという話だったんですよね。

神田　そういうことになると、この「共犯者」は「真の主犯」という風に言えるかもしれませんけれども、ドクター・ナカムラをターゲットにしようと言ってきた「共犯者」は、最初から中村さんを殺害するつもりだったんでしょうか？

乗京　アフガニスタン情報機関は、そう見ています。アフガニスタン情報機関は、「共犯者」がパキスタン側の誰か、おそらく非常にしっかりした組織の命令に基づいてやってきた工作員、あるいは刺客だったと見ています。中村さんはアフガニスタンで「復興のモデル」として称えられ、アフガニスタンの発展を象徴するような人物になっていたんですよね。アフガニスタン情報機関に言わせれば、アフガニスタンの発展を良しとしない筆頭格というのは、先ほども申し上げたようにアフガニスタンが対立してきたパキスタン当局です。だからアフガニスタン情報機関としては、アミールを逮捕せずに泳がせて、パキスタンに逃げた「共犯者」と連絡を取っているのをこっそり傍受した方が、いつか「共犯者」

をおびき出して逮捕するチャンスが生まれるんじゃないかと、そうすればパキスタン側の黒幕の存在を浮き彫りにできるんじゃないかと、情報機関らしく見立て先行の打算を働かせたという側面があったとしてもおかしくないですね。

神田　いま乗京さんが「打算」と言ったのは、やっぱり当局としては（アミールを泳がせるより）逮捕するなりして、アミールをきちんと捜査するべきだったと思ってるわけですね？

乗京　はい。アフガニスタン情報機関は、国と国との対立軸の中に中村さんの殺害事件を位置付けた。どうしたらパキスタンに一矢報いることができるかという計算を働かせるあまり、足元にいたアミールの存在を軽んじて、事情を聞くこともなく野放しにし、最終的にアミールが死んでしまうという結末を迎えたわけです。ですから捜査の抜かりは否定できないと思います。後手に回った捜査ですから、今になって発表しようにも取り返しがつかないというのが本音ではないでしょうか。

神田　アミールから話を聞いていれば、中村さんの事件に関して色々なことが分かっていたんじゃないかと悔やまれます。乗京さんの見立てとしては、今後、この「共犯者」が捕まる可能性はありそうですか？

乗京　非常に難しいと思います。アフガニスタン当局とパキスタン当局の関係が劇的に改善するようなことが起きれば、もしかしたらパキスタン当局が「共犯者」の逮捕に重い腰

事件後、カブールの壁に描かれた中村医師の肖像画。「大地に優しさや愛の種をまくのはいいが、問題の種をまいてはいけない」という趣旨の言葉が添えられている＝2020年1月25日、乗京真知撮影

を上げるかもしれませんけれども、そうなる可能性は低いと思います。そもそも「共犯者」がパキスタンに逃げ込んだ理由は、パキスタン当局に逮捕される恐れがなく、普通に生活できるからでしょう。パキスタン治安機関は、非常に優れた情報収集能力や人脈を持っていますので、アフガニスタン情報機関から目をつけられてしまった「共犯者」の存在を把握していないということは考えにくいです。ですから「共犯者」とパキスタン当局の間で何らかの関係があってもおかしくないと、アフガニスタン情報機関は疑っています。

神田　話を聞く限り、真相の解明はなかなか難しそうですね。

乗京　はい。真相解明、難しいかもしれないです。ただ、今回２０２１年１月に（アミールの素性に関する）情報が寄せられて、また

2月にアミールが死亡したという情報があって、行き詰まっていた取材が新たな展開を見せたように、追跡を続けた先に見えるものはあると私は信じています。私は三つのことについて期待を失っていません。一つ目は、アフガニスタン当局がこれまでの捜査で判明していることを公にして、パキスタン側に「共犯者」が逃げていると発表することです。その上で、二つ目なんですけれども、日本政府が、逃げた「共犯者」を逮捕したいということをパキスタン当局に強く申し入れ、「共犯者」の取り調べを実現させることです。そして最後に三つ目は、これらが実現しないとしても、取材によって私を含めた日本の記者たちが「共犯者」の素性と動機を少しでも明らかにし、後世の人たちに残すということです。いずれもすごく長い時間がかかると思うんですけれども、現地の日本大使館、外務省、警察庁、記者、歴史家、研究者の方たちの粘りがあれば、動かないコマも少しずつ、今回のように動かしていけるんじゃないかと思っています。

◉ニュースの現場から（2021年12月21日収録）

［前編］「犯行は、警告されていた」口を開いた元知事

神田　（前回の収録では、主犯格のアミールが特定されたものの、死亡してしまったという話でしたが）取材はさらに続いたのですね？

乗京　はい。アミールは生前、周囲に「自分は中村さんを誘拐するつもりだった」と言っていました。なぜこういう話になるかというと、事件が起こる1カ月半前とか2カ月前に、パキスタンからアミールの古くからの知人（「共犯者」）がやってきて、「著名な日本人がいる」「この人間を誘拐しよう」と誘ってきた。アミールは誘拐した時の身代金の分け前について議論して承諾し、そこから中村さんの尾行をしたり、車や人を手配したりして、犯行に及んだと。ただ、犯行当日になると、「共犯者」が中村さんを撃ってしまったということだったんですね。それを裏付けるものとしては、犯行直後にアミールが「共犯者」に対して「何で撃ったんだ！」「俺は聞いてなかったぞ！」と責め、口論している動画が残っているという話でした。

神田　でも、そもそも、そういう話を聞いている人がよくいたなと思うんです。そんなに切迫した場面を動画で残しているっていうのも、おかしくないですか？

乗京　私も動画の存在を聞いた時、同じ疑問を持ちました。神田さんが指摘しているのは、なんで動画を撮っていたのかと、もしそれが流出したら犯行を自供しているようなものだよ、という点ですよね。確かにそうなんですが、アミールは非常に変わった人で、自分の犯行の様子を動画で撮ったり、武勇伝として人に話したりすることが多かったんです。例えば、アミールはパキスタン（北西部）のペシャワルで、全身を覆う女性用の伝統服「ブルカ」をかぶって病院の中に忍び込み、病院の先生を誘拐したという話を吹聴したり、アフガニスタンの山中で金の分け前を巡ってトラブルになった仲間の首を絞めて殺害する場面を動画で撮らせたりしていました。私は実際にその動画を見ましたが、アミールは（撮影者に向かって）「俺の顔が映るように撮れ」って言ってるんです。犯罪歴は自分の勲章になるという意識の犯罪者だったんですね。治安機関から摘発されることもなく、ずっとやってきましたので、そういった証拠を残すことは、逮捕されるリスクを上げるというよりも、むしろ周囲に対して自分の力を誇示する宣伝材料になる。それによって、また次のミッション、仕事が舞い込んでくると考えるようなメンタリティの持ち主だったようです。

神田　プロの犯罪者特有の意識があったんでしょうかね。アミールは死んでしまったけれども、「共犯者」は生きているんでしょうか？

乗京　「共犯者」の名前と居場所は、つかめています。ただ、「共犯者」は隣国（パキスタン）にいて、我々が接触してしまうと、「共犯者」自身も（口封じのために）消されるかもしれない。つまり、「共犯者」は黒幕ではないと見ています。

神田　ということは、殺害計画を立てた人間は、「共犯者」とはまた別かもしれないと？

乗京　おそらく計画を立てたのは組織です。国際犯罪なので、思い付きでできるようなことではなく、組織があって、密使として「共犯者」をアフガニスタンに送り込み、誘拐や襲撃を得意とするアミールを雇い入れるような形で、形式上は誘拐をするということにして、本当の狙いは殺害することであったのではないかというのが、アフガニスタン情報機関の見立てです。

神田　気になるのが、やっぱり隣国っていうところです。隣国がどう絡んでいるんですか？

乗京　はい。これは2021年10月に取材したシャーマフムード・ミアヒルさんの証言によるところが大きいんですけれども、彼は事件が起きたナンガルハル州の州知事で、中村さんとも事件前から付き合いがあった人です。ミアヒルさんが言っていたのは、中村さんの事業というのは、アフガニスタンと隣国パキスタンの国境部を流れるクナール川の水を分岐させて、アフガニスタン側の乾燥地を潤わせる事業で、それはクナール川の下流に位置する隣国にとっては大きな脅威だった、ということでした。それで、その脅威を除去する術として中村さんを殺害するしかないという判断に至ったのが今回の殺害計画で、その殺害計画を事件の1カ月前から我々はつかんでいたと彼は証言したんです。これは、

２０２１年11月の連載「殺害は予見されていた」で詳しく報じたところです。

神田　そうすると、ミアヒルさんの話では、水をアフガニスタンに持っていかれることを阻止するというのが犯行の動機だったということですか？

乗京　ええ、そういう風に（ミアヒルさんも）アフガニスタン情報機関も見ています。（事件前の段階でアフガニスタン情報機関は）諜報活動によって隣国の治安機関が暗殺計画を実行に移すという情報を得ており、ミアヒルさんも報告を受けていました。

神田　ミアヒルさんは、なぜここへ来て、突然インタビューに応じたのでしょう？

乗京　これは２０２１年８月にアフガニスタンの政権が崩壊したことが関係しています。政権崩壊に絡んで、アフガニスタンの政府高官とか情報機関の幹部とかが一斉に国を逃れて、第三国に移っていったんです。その時に私が心配したのは、捜査情報が散逸して歴史の闇に葬られてしまうのではないかということでした。まずいなと思ったんですけれども、立ち止まって考えると、第三国に逃れたのであれば、身の安全が保証されるわけだから、逆に話せる人が増えるんじゃないかと。それで、知人伝いに連絡先が分かる人にコンタクトしていって、その中で返事をくれたのがミアヒルさんでした。ミアヒルさんは事件について初めて実名で語った公の人で、この公の人の証言によって、私が書いてきたアミールの人物像や事件の構図が裏付けられました。

神田　ただ、その証言を信じていいのかどうか。調査報道っていうのは、慎重の上にも慎重を期すっていうのがありますよね？

乗京　いくつか証言の支えを探しました。一つはミアヒルさんが残していた捜査関連の資料や公文書。そこに出てくる人の名前とかサイン、内容で、その文書の真贋《しんがん》がある程度分かりました。もう一つは、彼が残していた業務日誌です。その内容が実際に起こっていたことと矛盾がないということ。それから、もっと大きな支えもありました。ミアヒルさんは、1カ月前の段階で殺害事件が予見されていて、アフガニスタン情報機関が中村さんに警告文を送り、危ないと知らせていた、と証言したんですけれども、その警告文が実在するのであれば、ミアヒルさんの証言の裏付けになると考えたんですね。ミアヒルさんは情報機関から報告を受けた際、警告文を読んではいたのですが、現物は持っていなかった。ところが、思わぬところに、この警告文が残っていたんです。

◉ニュースの現場から（2021年12月21日収録）

［後編］　真相を求めて2年、たどりついた先に

神田　引き続き話を聞いていきますが、思わぬところっていうのは、どこだったんです

か？

乗京　ご遺族が保管している遺品の中でした。事件では中村さんの他に5人のアフガニスタン人が亡くなりました。5人の内訳は、運転手のザイヌラさんと、護衛のリーダーのマンドザイさんら警察官4人でした。それぞれのご遺族と交流を重ね、兄弟や父親が取材に応じてくれていました。しかし、妻たちからは話を聞けていなかった。（事件直後は）精神的なショックが大きすぎて、精神安定剤を飲んでいた方もいたし、通院して寝込んでいたりしていたからです。（そこから時間が経ち）やっぱり犠牲者の一番近くで悩みを聞いていた妻たちに話を聞かないことには、真相解明にはならないという風に考えて、兄弟や父親にお願いをしました。妻たちに語るチャンスを与えてほしいと。保守的な社会では女性が取材に答えるということを良しとしない風潮があります。最終的に5家族のうち4家族が妻と話すことを許してくれました。それに2年かかりました。

神田　2年で4人が応じてくれたんですね。

乗京　護衛のリーダーのマンドザイさんの妻ナフィサさんによると、マンドザイさんは事件の前から「ドクター・ナカムラが狙われているから心配だ」と言っていたそうです。実家に帰省している時も、マンドザイさんは頻繁に部下に電話し、気を引き締めるよう指示していました。事件の1カ月くらい前には、やはり深刻な顔で「ドクター・ナカムラが狙われている」という話をして、さらに事件前夜の午後10時には「子供たちを頼む」と言っていた。マンドザイさんは内務省から得た脅威情報を、中村さん側に伝えて説得する役割も担っていました。あと、現場で起こったことを内務省に報告する役割も担っていた。キーマンだったんですね。それで、私は妻ナフィサさんに、何か脅威情報に関する覚書とか文書を見た記憶はないですかと聞いたら、あると言うんですね。残っていますかと聞いたら、「マンドザイの携帯電話の中に残っている」と言うんです。携帯電話は事件後に内務省から送られてきた遺留品の一つで、形見なわけです。その携帯電話はロックがかかっていたんですが、妻ナフィサさんはロック解除の番号を知っていた。

神田　なるほど。

乗京　ロックを解除したところ、その中に警告文が残っていました。警告文は、隣国パキスタンの治安機関が中村さんを殺害すると決めた、中村さんが車で移動している途中が危ない、と指摘していたんです。

神田　これは乗京さんの今までの取材や、ミアヒルさん証言とも一致するわけですね。

乗京　はい。警告文の日付は、ミアヒルさんの記憶や、業務日誌に残していた日付と一致していました。警告文の内容も、ミアヒルさんが（アフガニスタン情報機関から）報告を受けたとする内容と一致していました。また、この警告文をマンドザイさんが実際に手に持って読んでいるところを見ていた人にも取材しました。

神田　その辺を調べた上で、警告文はどうやら本物だということになったんですね。事実

朝日新聞 2021年（令和3年）11月29日 月曜日 48655号（日刊）

中村哲さん殺害 1カ月前に察知

元州知事が証言

アフガニスタン東部ナンガルハル州で2019年12月4日に人道支援NGO「ペシャワール会」の中村哲さん（当時73）ら計6人が殺害された事件で、アフガニスタン当局が事件1カ月前の段階で中村さんを狙った殺害計画があることを察知し、中村さん側に知らせていたことが分かった。当時の同州知事として捜査報告を受けていたシャーマフムード・ミヤヒル氏（63）が、朝日新聞の取材に明らかにした。

▼3面＝家族が語る予兆

◀中村哲さん ▶中村さんがナンガルハル州で殺害されたとき、州知事を務めていたミヤヒル氏＝2019年12月

首謀者や襲撃方法 警察は態勢不備

捜査の詳細を知る要人が実名で証言したのは初めてとみられる。

アフガニスタンでは今年8月、イスラム主義勢力タリバンがガニ政権を崩壊させ、権力を握った。情勢の悪化を受け、政権崩壊直前の7月に第三国に移り住んだミヤヒル氏は、保管している捜査関連文書や業務日誌をもとに英語でオンライン取材に応じた。

ミヤヒル氏によると、事件の1カ月前までにアフガニスタンの情報機関「国家保安局」が、諜報活動によって殺害計画の首謀者や襲撃の方法などの情報をつかんだ。事件の約3週間前、情報機関は内務省を通じて中村さん側に脅威を知らせる文書を出し、出国を勧めたという。

その数日後、中村さんは講演などの予定に合わせ日本に一時帰国し、半月後にアフガニスタンに戻った。情報機関が中村さんに「脅威は消えていない」と伝えた2日後、事件が起きたという。

事件を防げなかった理由について、ミヤヒル氏が……

ミヤヒル氏が保管する中村哲さんの殺害事件に関する文書（画像の一部を加工しています）

中村哲さん殺害事件 アフガニスタン東部で2019年12月4日、人道支援NGO「ペシャワール会」（福岡市）現地代表で、医師の中村哲さん（当時73）らが乗った車が灌漑の事業地に移動する途中で武装グループに銃撃され、中村さん、アフガニスタン人運転手1人、同警察官4人の計6人が死亡した。大統領が監督する最重要事件に指定されたが捜査は難航。アフガニスタンではタリバンが今年8月に権力を掌握後、捜査に関わった当局者が次々と国外に脱出し、捜査の中断や資料の……

オピニオン＆フォーラム・社説・声
社説 介護現場等の賃上げ／DNA捜査の課題
記者解説 ロシア30年の歩み 7.8

新型コロナ 感染者数の詳細 4.32
国内の感染確認 172万7007人（＋73）
死者 1万8358人（±0）
世界の感染者 2億6110万449人（＋41万6659）
死者 519万5571人（＋5995）

オミクロン株、続々確認
新型コロナウイ……

ミアヒルさんの証言や警告文の存在を伝えた2021年11月29日付の朝刊1面

を聞くと、ほんと小説より奇なりだなと感じますが、ただ、こうなってくるとやっぱり次の疑問が生まれてきます。1カ月前の段階で襲われると分かっていたのに、なぜ防げなかったのでしょう？

乗京　同じ疑問を私も抱きました。取材を進める中で、ミアヒルさんが捜査関連の文書を共有してくれたんです。その中に非常に興味深い報告書がありました。現地のパシュトゥー語とダリ語で書かれていました。この報告書は何かというと、事件直後に軍や州政府、警察などが選抜チームを作って、なぜ事件を防げなかったのか調査したものだったんです。

神田　そういうのがあるんですね。

乗京　報告書によると、アフガニスタン情報機関は1カ月前に脅威情報をつかんでいたんだけれども、それを警察に報告しても警察は

真剣に受け止めなかった。警察内には色んな組織があり、警察を束ねる内務省、州の警察本部、地区ごとの警察署などが全然連携できていなかった。逆に警察が増員をお願いしても、情報機関の職員は動かなかった。情報機関というのは、実はマンパワー的には警察よりもずっと要員が少ない。次から次へと事件が起こる中、現状4人を護衛として出しているところに、それ以上の人手を割けるかというと（どの組織も）無理だった、ということです。

神田　でも、命の重さに違いはないとはいえ、中村さんはアフガニスタンにとっても重要な人物だったわけで、何かできなかったのかなという思いがしてならないですね。

乗京　考えられる手としては、例えば、防弾車を使うということはできたかもしれません。現地の防弾車というのは、黒塗りで重厚なトヨタのランドクルーザーが多いんです。干ばつが進んで草の生えていないような田舎の砂漠地帯に、ランクルが砂煙を上げて走っていたとしたら、それは「ここにＶＩＰがいます」と宣伝して回っているようなものですよね。果たしてそれが危機管理になるのかという問題がある。すでに行動がマークされていて、有名になってしまっている人は、仕方なく防弾車に乗らないといけませんが、それほどマークされていなくて、有名でもない、ただ狙われたら困るというレベルの著名人だったとすると、一般車で静かに移動した方が目に付かないという「ロープロファイル」の考えもあるわけです。さて、中村さんはどっちだったのと言われると、おそらく最初は「ロープロファイル」の方が適切だったんでしょうね。ただ、中村さんの事業があまりに効果が大きく、国内で英雄視されるようになりましたから、いつの間にか「ロープロファイル」では警備が効かない、非常に著名な存在になってしまっていたということだと思います。

神田　警備を増やして防弾車に乗っていたら、中村さんの命は助かったんでしょうか？

乗京　それに対して、私は否定的な見方を持っています。防弾車にしていたとしても、警備を増やしていたとしても、おそらく犯人側は何か他の方法を探り当てていたと思います。夜間に宿泊先を襲ったり、大きな爆弾を道路脇に仕掛けたり、食べものに毒を混ぜることもできたかもしれない。過激派のメンバーに聞いたことがあるんですが、ターゲットを事件前から尾行するのはなぜかと問うたら、それは殺害するにあたって最も効果的な方法を見つけるためだと答えました。彼らは色んな術を持っていて、その中で中村さんの行動を確認し、一番確率の高い方法を選んだということだと思います。

神田　少し気になっているのは、「1カ月前」に脅威情報があったという部分です。この「1カ月前」というのは何か意味があるんですか？

乗京　私は「1カ月前」というのは、非常に重要なヒントを我々に発していると思っています。中村さんに対する脅威情報というのは、今回は非常に具体的で切迫したものでしたけれども、数年前にも脅威情報はあったんですね。これまで何回か発せられてきた。なぜ今回は実際に殺害に至ったかということなんですけれども、事件の2カ月前に、あるターニングポイントがありました。

神田　ターニングポイント？

乗京　はい。それは中村さんがアフガニスタンのガニ大統領から名誉市民権を授与されたタイミングです。

神田　それは、そんなに意味があるんですか？

乗京　はい。（アフガニスタン政府によると）アフガニスタンの規則では、中村さんの年になると労働ビザが出しにくいという問題があった。中村さんが現地で活動を続けられるかどうか岐路だったわけです。けれども、政府は中村さんにもっと働いてほしいと思っていて、名誉市民権をプレゼントすることでビザの問題を解決しようとしたんです。

神田　名誉市民権があればアフガニスタンにいつでも来られるということですか？

乗京　そうです。アフガニスタン市民と同じ扱いになります。そろそろ中村さんが日本に帰るだろうと思っていた敵から見ると、名誉市民権の授与は中村さんが活動を続けること、さらに偉大な功績を残すこと、が決定づけられた瞬間だったんですね。

神田　おさらいをすると、中村さんの事業というのはアフガニスタン側で水を使うという話で、そうなってくると下流にある隣国（パキスタン）にとっては脅威だったということですね？

乗京　はい。どれぐらい脅威かというと、この一帯は干ばつの被害が非常に深刻で、国の

中村医師と運転手ザイヌラさん＝ザイヌラさんの家族提供

最大の懸案は何かというと水不足なんですよね。例えば、パキスタンのイムラン・カーン首相が就任後、真っ先に打ち出したのは、ダムの建設とか水不足の解消の施策だった。彼は最初の演説で、パキスタンは水が不足していて、今後20年くらいで国家存亡の機に立たされると語っていました。それくらい水に対する安全保障上の脅威が高いんです。これはアフガニスタンとかパキスタンに限らず中東全体で言えることだと思います。水を分け合う、もしくは奪い合うことが、国民の生き死にや戦争に絡んでくる。

神田　中村さんご自身は、殺害計画について知っていたんですか？

乗京　中村さんは、この警告文を読んでいましたので、分かってらっしゃいました。アフガニスタン情報機関は、中村さんがオフィスにいない時は事業地まで行って（いったんアフガニスタンを離れるようにと）説得を試みていました。中村さんは誰よりも現地を知っていて、ポリシーとしては、銃を構えて誰かを威嚇するよりも、人に銃を向けずに地元のために黙々と働くことが、長期的な観点から最も安全であるという哲学を持ってらっしゃった。中村さんは、これを「まるごしの安全保障」と呼んで、本に書かれたりもしています。現地で長く生活されて、現地語も話せますので、自分が地元のために働いていて、それが地元でどれくらい感謝されているか、そこに犯人が入り込む隙が無いと考えてらっしゃったと思うんです。けれども問題は、殺害を計画したのは地元の人たちではなく、外からやってきたのではないか、という部分なんですよね。関係者によると、中村さんは今回の警告文を見せられて、「脅威が収まるまで、少し事業を休んでほしい」と言われた時に、「自分はもう年だから、事業を止める気は無い」とおっしゃったそうです。中村さんの事業に対する信念、アフガニスタンに対する愛の深さ、というのを感じるんですけれども、一方で、中村さんはまさか自分に同行している運転手や護衛まで一緒に犠牲になるとは考えてらっしゃらなかったと思うんですね。なぜ私がそんな風に申し上げるかというと、銃撃の時、運転手や護衛は即死だったたんですけれども、中村さんはまだ意識があって病院に運ばれたんです。中村さんの最期のメッセージというのは「ザイヌラ（運転手）たちは無事か？」だった。つまり、自分と一緒に誰かが亡くなってしまっているかもしれない、ということを息絶えるまでずっと心配しておられた。私は中村さんが残した偉大な功績というのに、いつも畏怖の念というか、恐ろしいばかりの感激を覚えます。一方で忘れてはいけないことがあります。脅威情報があると分かっていて、前夜に妻に「子供たちを頼む」と言いながら、反撃することすらかなわず、増員もしてもらえず、警護していたマンドザイさんら護衛の胸の内。もしかしたら撃たれるかもしれないけれども、事業の意義深さを理解して、自分が運転しなければ事業が前に進まないっていうことを覚悟の上でハンドルを握っていたザイヌラさんの無念さ。私はそれを考えずにはいられないですね。

神田　ほんとそうですね……。乗京さん、ここから先、取材はどうしますか？

乗京　取材は続けていまして、犯行グループの構図は見えてきました。ただ、やっぱり当事者から話を直接聞くということにこだわりたいという思いがあります。

神田　当事者とは？

乗京　犯行グループの一味です。間接的には聞けているけれども、まだ直接は話を聞けていない。防犯カメラの映像を見ると、実行犯は9人前後いました。そのうち（主犯格の）アミールは死亡してしまったわけですが、残りは生きているかもしれない。当事者に聞かなければ見えてこない内情があるだろうと思っています。

神田　今回の取材で、何か新しく学んだことはありますか？

乗京　今回改めて強く感じたのは、「真相は忘れたころに語られる」という取材の鉄則で

護衛マンドザイさん（遺影）の父親（左、後日他界）や子供たちと話した筆者（中央）＝2020年1月25日、カブール

す。ミアヒルさんが語ってくれるのに約2年かかりました。護衛の妻たちが取材に応じてくれるのにも約2年かかった。その証言とか資料というのは、狙って取れるものではなくて、色んなつながりの中で、タイミングなんかもあって出てきたものなんですよね。真相を知りたいという執念でコツコツやっていると、いつの間にか情報の網の目がつながっていく。情報網を編み上げるのは、年単位の時間がかかるんだなと思いました。

神田　そうですね。

乗京　そして、やっぱりこの思いを強くしたのは、ミアヒルさんのインタビューで、私が質問を投げかけた時だったんですけど、私はミアヒルさんに「なぜ今回証言してくれたんでしょうか？」って聞いたんですね。そしたら彼は、「アサヒシンブンを知ってるからだよ」と答えたんです。ミアヒルさんは若い頃、米メディア「ボイス・オブ・アメリカ」の現地記者をしていたことがあり、たまたま1989年に「アサヒシンブン」の記者とアフガニスタンで出会って、一緒にクナール州の山を歩いて取材したって言うんです。今回、私が取材を申し込んだ時に「アサヒシンブン」と聞いて、かつての思い出がよみがえったそうです。これまで日本はアフガニスタンを長年黙々と支援してくれた、その日本の人たちに自分が知りうる真実を伝えなければならない、中村さんを守れなかったっていうことを非常に申し訳ないと感じていて、自分が見聞きしたことを歴史に刻むということが、自分にできる数少ない恩返しかもしれないという風に考えて、むかし交流があった「アサヒシンブン」の取材に応じたんだ、と言ってくれたんですね。私は非常に驚きました。「恩返しだ」と言っているミアヒルさんの思いを日本の方々に伝えないといけないと思って、ペンを一生懸命走らせました。きっと私と同じ思いで32年前に朝日新聞の先輩もアフガニスタンでペンを握っていたんだろうなと想像すると胸が熱くなりました。と同時に、私が思ったのは、さあ果たして、32年後、同じことを我々は言ってもらえるんだろうかということです。

神田　なるほどね。

乗京　取材の現場が、世界であれ、日本であれ、私がお世話になった取材先の人たちが、果たして32年後に、ジャーナリズムへの理解っていうのを持ち続けてくださっているかどうか。それをかなえるためには、ひとえに、私を含めたこの現代を生きる記者たちが、一人一人が、真摯《しんし》な態度で、調べるという行為に向き合っているかにかかっていると思うんです。信頼にかかっていると思うんですよね。調べるという行為は、とてもじゃないけど一人ではなし得ない、長い道のりです。この中村さんの事件についても、私では調べきれないことがたくさんあると思うんですね。誰かが拾った情報の断片の先に、次の調べもののヒントが見えてくる。そういった知の積み重ね、知のリレーが、もろい社会を強くして、ゆがんだ社会を公平に変えていく、公正に変えていくと私は信じています。それを現在進行形で実践しているのは、何も私たち記者だけではなくて、その取材活動を支えてくださっている数百万の読者の存在であると、その期待を背負って現場に立つんだと、そういう風に私は肝に銘じたいと思いました。

神田　乗京さんの性格だから、私や誰かが止めたところで、たぶん取材を続けると思うんですけども、くれぐれも体には気をつけて、これからも頑張ってください。

乗京　ありがとうございます。

◉エピローグ

本書は、朝日新聞デジタルの二つの連載「実行犯の『遺言』」（２０２１年６月８日から８回）、「殺害は予見されていた」（２０２１年11月29日から４回）をもとに、そこで書き切れなかった取材成果や、その後の進展を盛り込んで一冊にしたものです。登場人物の肩書や年齢は取材時のままとしました。

約３年にわたる取材では、行く先々でこんな声を掛けられました。「ドクター・ナカムラの命を守れなくてごめんなさい」「いつまでも感謝の気持ちを忘れません」。半世紀近く争いが続いてきたアフガニスタンで、民族や宗教の壁を越え、これほど深く愛された人は、中村医師をおいて他に知りません。現地の人たちは、中村医師の献身を心に刻み、子供たちに語り継いでいます。

中村医師の歩みを振り返るたびに、命が奪われたことの不条理と、事件のむごたらしさに胸が痛みます。35年にわたる人道支援が実を結んだ時期に、なぜ中村医師は殺されなければならなかったのか。中村医師の善意が踏みにじられ、真相がうやむやにされるような理不尽は、決して許してはいけないと思いました。奪われた命は戻らないとしても、できる限り調べを尽くし、悪事を白日の下にさらし、どうしたら事件を防げたかを考える手がかりをつかみたいと思い、長期の取材をスタートさせました。

誘拐や襲撃が多いエリアでの取材は、アポイント無しで短時間で切り上げました。英語ができる助手を介して、ダリ、パシュトゥー、ウルドゥーなど多言語でやり取りしました。

定宿では夜襲を想定し、格子窓や屋根伝いの脱出を練習しました。

コロナ禍では人に会うこと自体が難しくなりましたが、「当事者を探し、当事者に聞く」という基本に立ち返りました。対面で会えなくても、オンラインでつながることはできました。今思えば当たり前のことですが、オンラインなら相手の武器を心配したり、人目を気にしたりする必要がないことに気づきました。通話アプリの普及によって、取材できる対象が広がりました。

託された情報をもとに、事件当日に何が起きたのかを調べたのが、プロローグと第1章です。中村医師が言い残した言葉や緊急手術の様子、犯行グループの組織立った動きを、目撃者の証言や防犯カメラの映像から再現しました。最大の謎である犯人像にも迫りました。主犯格の名前をつかんでから素性を突き止めるまでの顚末《てんまつ》は、第2章で取り上げました。

続く第3章では、主犯格が突然死亡したことや、その死亡を公表しようとしない捜査当局の思惑を探りました。同時に、主犯格をそそのかした「共犯者」が、逃亡先で怪しい動きを見せていることを、第4章で報告しました。

教訓とすべき事実も浮かびました。事前に犯行情報がつかめていたのに対策が十分でなかったことが元高官や遺族への取材で分かり、第5章で問題提起しました。第6、7章では、政権崩壊によって捜査が足踏みしていることや、犯人逮捕に二の足を踏むタリバン暫定政権の事情を掘り下げました。

悔やまれるのは、政治と距離を置いてきた中村医師の思いとは裏腹に、政治が中村医師を放っておかなかったことです。ガニ大統領は、自身の地盤でもある東部での灌漑事業を高く評価し、中村医師を大統領府に招いて勲章を贈りました。ガニ大統領は担当部局に灌漑方式を学ばせ、干ばつ被害を食い止める切り札として提唱しました。

一方の中村医師は、政治の世界と接点を持つことを長らく「禁じ手」(『医者、用水路を拓く』中村哲著、石風社)としてきましたが、灌漑事業を根付かせ、広めるには、ガニ大統領の理解も必要でした。勲章を受け取った中村医師は、会報で「長年の灌漑の仕事が地元で評価され、私たちの声が為政の中枢にも届いた」(ペシャワール会報135号)とつづりました。翌年にはガニ大統領が中村医師に名誉市民権を授与したことが、国内外で大きく報じられました。

ガニ大統領を敵視する勢力は、この動きをどう見たか。名誉市民権が授与された時期と、犯行グループが中村医師を尾行し始めた時期は、重なっています(第5章)。利害関係が複雑な地域で、一方を利することになる活動が他方にどう映るかという問題は、アフガニスタンだけでなく、シリアやパレスチナなど多くの紛争地に共通するジレンマです。

忘れてはならないのは、中村医師とともに亡くなった5人のアフガニスタン人と、残された妻子のことです。イスラム主義勢力タリバンが復権したことで、妻子は公的な補償を

ナフィサさんがNGOへのメールに添付した写真。右から、遺影を持つナフィサ、四女ホマイラ、長女ファティマ「日本で学びたい」、長男ワヘドゥラ「医者になりたい」、次男アブドゥラ「父は日本政府と働いた」、次女ザハラ「明るい未来がほしい」、三女サナ「誰が父を殺したか分からない」

受けられなくなりました。夫を亡くした妻たちは、タリバンによる就労制限で働くことができません。中村医師にあこがれていた子供たちは、タリバンによる就学制限で医師になる夢を絶たれました。中村医師のNGOなどからもらった弔慰金や補償金を取り崩して生きていますが、いずれ底をつきます。

犠牲になった護衛マンドザイさんの妻ナフィサさんは「このまま私たちは忘れられてしまうのでしょうか」と心配し、せめて「子供たちに教育を」とNGOや日本政府にメールで頼んでいますが（写真参照）、本稿執筆時点で返事は届いていません。追加の金銭支援や現地の墓参りは難しいとしても、中村医師の志を継ぐ有志からのメッセージは、妻子を励ます力を持つでしょう。ナフィサさんの他にも残された妻子は24人います。光が届かない片隅を照らしてきた中村医師の精神が、遺族支援においても引き継がれることを願います。

中村医師は生前、「人は愛するに足り、真心は信ずるに足る」と語っていました。アフガニスタンの人々に寄り添い、ともに砂袋を担いで汗を流し、自力で立ち上がる道を示した中村医師の思いが、再びくじかれることがあってはなりません。クナール川流域で水を扱うことに対する脅威は、残念ながら今も消えていません。命を奪われたのは中村医師だけではないと、元高官や捜査幹部は口をそろえます。愛や真心を顧みず、意に沿わない者を力ずくで排除してきた組織の関与が疑われています。リスク管理のため組織を名指しすることは避けましたが、その輪郭は第4章などで示しました。はかりごとや、うそ偽りに目をこらし、掘り起こした事実を刻々と記録し、社会に問いを発し続けることが、事件報道に携わる者の務めだと信じます。

本書の刊行にあたっては、元となる連載を監修してくれた朝日新聞国際報道部の春日芳晃次長（現部長）や金順姫次長（現瀋陽支局長）ら多くの同僚が、記録を刻む覚悟を胸に伴走してくれました。危険と隣り合わせで人脈をたぐり、情報をかき集めてくれた助手たちには、感謝の思いが尽きません。気難しいタリバンの検問を切り抜ける機転や、失敗しても動じずに計画を見直す根気、時間が押してもお茶は欠かさない心のゆとりなど、彼らから多くを学びました。機密上名前は挙げられませんが、事件を風化させないために情報を共有してくれた全ての方々に感謝します。そして、事件報道の意義を理解し、書籍化を勧めてくれた朝日新聞出版の松尾信吾さんに、この場を借りて深く御礼申し上げます。

2023年11月　乗京真知

乗京真知《のりきょう・まさとも》

一九八一年、福井県生まれ。朝日新聞福井総局長 兼 国際報道部員。少年期をブラジルで過ごし、神戸大学法学部で国際関係論を学んだ後、朝日新聞社に入社。仙台や名古屋で主に事件や災害を担当し、米コロンビア大学東アジア研究所（専門研究員）、イスラマバード支局長、アジア総局員、国際報道部次長などを経て、二〇二三年五月から現職。著書に『追跡　金正男暗殺』（岩波書店）。

装幀　水野哲也（watermark）

中村哲《なかむらてつ》さん殺害《さつがい》事件《じけん》　実行犯《じっこうはん》の「遺言《ゆいごん》」

二〇二四年二月二八日　第一刷発行

著　者　乗京真知
発行者　宇都宮健太朗
発行所　朝日新聞出版
〒一〇四-八〇一一　東京都中央区築地五-三-二
電話　〇三-五五四一-八八三二（編集）
〇三-五五四〇-七七九三（販売）

印刷製本　広研印刷株式会社

ISBN978-4-02-251969-6
定価はカバーに表示してあります。